TOSKANA

Eine kulinarische Liebeserklärung

Csaba dalla Zorza

Fotografiert von Stefano Scatà

CALLWEY

Man schuf euch nicht,
um Tieren gleich zu leben,
nach Tugend und nach Wissen sollt ihr streben!

Dante Alighieri, Göttliche Komödie
Inferno, Canto 26, Verse 119–120

Für meinen Mann Lorenzo

Für Edoardo und Ludovica,

damit ihr das Land und seine Früchte genauso lieben werdet wie ich und jeden Tag eures Lebens bei Tisch aufrichtige Liebe und gutes Essen mit anderen teilen könnt.

Auf dem Land aufzuwachen

ist eines der schönsten Dinge, die das Leben zu bieten hat: Die von den Hügeln herströmende Luft einzuatmen und mich am Anblick der von ersten Sonnenstrahlen beschienenen Felder zu berauschen, hat eine ganz eigene Magie, die mich Zeit meines Lebens begleitet hat. Es muss an dem toskanischen Blut liegen, das durch meine Adern fließt (wenn auch nur zur Hälfte), und an den Eindrücken meiner Kindheit – diese endlosen Tage, die ich im Haus meiner Großeltern verbrachte, umgeben von einer majestätischen Eleganz, die sich in Einfachheit und Leidenschaft gründete. Nach unbeschwerten Tagen schloss ich abends glücklich die Augen, mit dem warmen Geschmack von Brombeeren noch auf der Zunge. Auch das scharfe Aroma des Olivenöls, das Großvater auf das Brot geträufelt hatte, begleitete mich oft bis in meine Träume …

Inhalt

Geschichte, Schlichtheit und Schönheit,
das ist Florenz, die Stadt der Kunst, der Poesie und der Liebe. Dort kann sich jeder auf eine Geschmacksreise begeben, die sein Leben für immer verändern wird …

Für meine Großeltern,

Irma und Alessandro, danke für all die schönen Tage meiner Kindheit und dafür, dass ich euch von klein auf in den Gemüsegarten und Hühnerstall begleiten und am Kochen in all seinen Facetten teilhaben durfte. Es hat mich geprägt und bis hierher geführt.

EINLEITUNG

Mein Leben in der Toskana

DAS GLÜCK DES LANDLEBENS MIT MEINER FAMILIE

Immer wenn ich mit meinem Mann und meinen Kindern einige Tage in der Toskana verbringe, fühlt es sich an, als würde ich aus einer magischen Kraftquelle trinken. Schon wenn ich mit dem Zug in Florenz einfahre oder im Auto die Apenninen überquere, spüre ich, wie sich die Leidenschaft für diese Region von Neuem in mir entzündet. Das Lebensgefühl dieser Region ist mir ins Blut übergegangen, wie Rotwein lange in einem Fass reift, um schließlich jeden mit seinem Aroma zu verführen, der von ihm trinken möchte. Es ist die intensive Farbe des Brunello di Montalcino, das Aroma der selbst gesammelten Steinpilze, die Wärme des Holzes, das im Kamin brennt, das sonntägliche Plaudern der Frauen draußen vor der Kirche.

Ich wuchs in einer von Frauen geprägten toskanischen Familie auf. Mein Großvater Alessandro lugte immer nur dann um die Ecke, wenn eine Mahlzeit anstand oder er mit uns spazieren gehen wollte. Mein Vater hatte uns einige Jahre zuvor verlassen, angezogen von anderen Dingen, die nichts mit uns zu tun hatten. Damals kümmerte mich das jedoch eigentlich wenig. In meiner Welt spielten Frauen die wichtigste Rolle. In diesem weiblichen Universum gab es nicht viel Platz für die Eleganz und Feinheit, mit denen ich mein Leben gerne gefüllt hätte. Natürlich erfuhr ich Liebe – aber eine Art Liebe, die eher aus salzlosem Brot und Kastanienkuchen mit Pinienkernen bestand als aus cremegefüllten Süßigkeiten. Mich umgab eine große Weisheit – das bäuerliche Wissen, das meine Großmutter von Geburt an gelernt hatte und ihr sehr dabei geholfen hatte, ihre zwei Kinder während der Kriegszeit aufzuziehen. Und dann war da das Essen: Es war einfach und gut und gliederte unseren Alltag in Mahlzeiten vom Frühstück bis zum Abendbrot. Es wurde immer alles selbst zubereitet und das Kochen war stets verbunden mit endlosen Gesprächen in dem mir so vertrauten toskanischen Akzent.

In jenen Jahren plätscherte das Leben langsam und vergnüglich dahin und alles schien zu sein, wie es sein sollte. Meine Großmutter schrieb nichts auf, sondern wusste alles auswendig: von der Art und Weise, wie man ein Kaninchen mit Oliven zubereitet, bis hin zur Kochdauer der Einmachgläser mit geschälten Tomaten aus ihrem Gemüsegarten. Das schlimmste Unglück war für sie ein Hagelschauer, der die zarten Früchte ihres Gartens zerstörte. Erholung fand sie in der Zeit zwischen Mittagessen und Abendbrot, die sie oft beim Eingang unseres Hauses verbrachte, wo sie mit anderen Frauen aus der Straße Erbsen enthülste, etwas flickte oder Topflappen häkelte. Die Jahreszeiten bestimmten mein Leben. Wenn es Juni wurde, zeigte sich meine Umgebung in der für die Toskana so typischen und besonders bezaubernden Weise: mit Heuballen übersäte Hügel, gesäumt von langen grünen Reihen von Zypressen und mediterranen Pinien.

Um das Haus meiner Großeltern zu erreichen, brauchte man von Mailand aus etwa vier Stunden mit dem Auto. Großmutter Irma erwartete uns immer schon am Küchenfenster: Egal wann wir ankamen, sie war stets dort. Ein Auge auf die Treppe und eines auf die Straße gerichtet, lief sie uns immer gleich in ihren Hausschuhen auf dem Kies entgegen. Sie war der Mittelpunkt des ganzen Geschehens, ob nun bei den Mahlzeiten oder unseren Spielen. In meiner von Frauen geprägten Welt war sie immer als Erste auf den Beinen. Ich kann mich an keinen Morgen erinnern, an dem sie nicht bereits in ihrer Schürze mit Tellern und Töpfen hantierte, wenn ich mit verschlafenen Augen in die Küche kam.

Die Häuslichkeit und die Liebe zum Kochen – diese Dinge habe ich von ihr geerbt und ich hoffe, sie eines Tages an meine Tochter weitergeben zu können, genau wie die Rezepte dieses Buches, die eine innige Hommage an die authentische toskanische Küche meiner Oma sind. Wenn ich die Augen schließe, meine ich noch immer ihre Stimme durchs Haus schallen zu hören: „Zu Tisch, das Essen ist fertig!"

OLIO DI SEMI
LATTE INTERO
LATTE SCREMATO
LATTE
PARZIALMENTE SCREMATO

KAPITEL 1

Die Speisekammer sinnvoll ausstatten

EINE SPEISEKAMMER AUSSTATTEN

und lernen, jeden Tag gut zu essen

Kochen war für mich immer eine Möglichkeit, Liebe und Fürsorge gegenüber den Menschen auszudrücken, die mir am Herzen liegen. Die optimale Verwaltung der Speisekammer gehört zu den Dingen, auf die ich besonders stolz bin. Das Ziel ist, es an nichts fehlen zu lassen, aber auch nichts zu verschwenden – dazu bedarf es jedoch einer sorgfältigen Planung der Bestände und eines Vorrats an Grundzutaten. Das ist eine Kunst für sich, die sich durch Übung aber verfeinern lässt und von jedem erlernt werden kann. Eine gut ausgestattete Speisekammer ist das eigentliche Geheimnis einer schnellen, elementaren und gesunden Küche. Man sollte nicht denken, dass Vorräte in irgendeiner Weise schlechter sind als frische Produkte, um eine Mahlzeit zuzubereiten.

Ich glaube, in meinem Alter endlich zu verstehen, wie man eine Speisekammer ordentlich führt. Obwohl es in meinem Leben keinen Tag gibt, an dem ich überhaupt nicht kochen mag, so gibt es durchaus Tage, an denen ich den kürzesten Weg zum Ziel nehmen möchte. Deswegen habe ich über die Jahre hinweg gelernt, Zutaten vorrätig zu haben, die ich zum Kochen brauchen könnte, wenn ich einmal wenig Zeit habe oder gerade von einer Reise zurückkomme. Meine Speisekammer ist nie wirklich leer, denn auch mit einer Packung Spaghetti, zwei Blättern Basilikum und ein wenig Olivenöl extra vergine kann man ein Gericht zubereiten, das Körper und Geist gleichermaßen zu sättigen vermag.

Viele Fremde, die etwas Zeit in Italien verbracht haben, verlieben sich in unsere Küche, sagen jedoch, sie würden sicher zunehmen, wenn sie das ganze Jahr über in deren Genuss kämen. Tatsächlich funktioniert es in der Toskana wunderbar, und die Menschen halten sich ziemlich gut in Form. Das liegt an einer Ernährungsweise, die im Schnitt sicher gesünder ist als viele andere. In der Toskana werden hochqualitative Produkte hergestellt und durch Marken wie IGP, DOP und DOC repräsentiert, die in aller Welt geschätzt

LA PASTA DI
GIOVANNI FABBRI
Pasta essiccata
inferiore a 38°C

Dinkel. Vor allem Fusilli und Penne nehmen die Sauce wunderbar auf. Dinkelnudeln haben außerdem einen etwas süßlicheren Geschmack und eine weichere Konsistenz als die sonst übliche Hartweizen-Vollkornpasta.

Ein weiteres klassisches Element italienischer Speisen ist der Käse auf der Pasta. Ich persönlich verwende zwei Sorten: Parmesan Reggiano und alten toskanischen Pecorino. Der Parmesan Reggiano ist ein hochqualitatives Produkt, dessen präzise Herstellungsweise sich in den 900 Jahren seiner Geschichte kaum verändert hat. Es wird ausschließlich Kuhmilch aus der Region um Parma, Reggio Emilia, Modena und Teilen der Provinz um Mantua und Bologna verwendet. In seinem körnigen Aroma steckt die ganze Sonne der Ebenen und Hügel zwischen Po und Reno – dem Gebiet des authentischen Parmesan Reggiano. Unter den toskanischen Pecorinos ist der lang gereifte Käse am besten für Pastasaucen geeignet, vor allem für solche mit Gemüse. Der Schafskäse ist ein Produkt geschützter Herkunft (Denominazione Origine Protetta, DOP), wird lediglich mit Milch von toskanischen Schafen hergestellt und hat einen intensiven, aber nicht aufdringlichen Geschmack. Dadurch ist er der perfekte Begleiter zu Nudelgerichten, aber auch zu einem guten Wein als Aperitif.

Meine Oma Irma verwendete nur Olivenöl und keine Butter, die sie nicht mochte und nur gelegentlich kaufte. Olivenöl ist in aller Welt ein Synonym für die Toskana, obwohl auch andere Regionen Italiens qualitativ hochwertiges Olivenöl produzieren. Im Vergleich zu anderen Ölen hat das toskanische eine intensiv grüne Farbe und eine merkliche Schärfe. Ich benutze gerne besonders reines Olivenöl, also ein sehr natürliches und gänzlich unverändertes Öl. Obwohl es ein teureres Produkt ist (und ich rate zu großem Misstrauen gegenüber zu günstigen extra reinen Ölen), tätige ich diese Investition gerne. Es geht schließlich um meine Gesundheit und die meiner Familie. Das durch die Marke IGP (Indicazione Geografica Protetta, geschützte geografische Angabe) geschützte toskanische Olivenöl wird nur aus Oliven von toskanischen Bäumen hergestellt, die nach alter Tradition geerntet und mechanisch gepresst werden, um einen Verlust der wertvollen

Inhaltsstoffe zu verhindern. Sein charakteristischer intensiver Geschmack passt ideal zu Pasta und anderen Gerichten – von der klassischen Mischung aus Öl, Pfeffer und Salz für Gemüsebruschetta, über Suppen geträufelt, zu rotem und hellem Fleisch bis hin zu Süßem. Doch welches Öl kaufen? Man sollte einen Kompromiss zwischen Preis und Qualität machen und lieber direkt bei den Erzeugern oder kleineren Betrieben kaufen statt im Großhandel, denn die Qualität eines besonders reinen Öls verträgt sich schlecht mit Quantität. Vor allem sollte das Öl zum Schutz seiner wertvollen Inhaltsstoffe korrekt, nämlich kühl und dunkel, aufbewahrt und nicht zu lange offen gelassen werden.

TOMATEN

Ohne Tomaten wäre die toskanische Küche undenkbar! Frisch sollten sie sein und nur im Sommer direkt von der Pflanze gepflückt werden. Auf dem Höhepunkt der Saison konserviert, ganz oder in Form von Passata, hat man sie dann das ganze restliche Jahr in der Speisekammer zur Verfügung. Die beliebteste Version meiner Mutter war übrigens Tomatenmark aus der Tube. Damit pflegte sie den Tomaten Geschmack und Farbe zu geben, die leider nicht bis zur letzten Minute in der Sonne reifen konnten …

Im Handel sind zahlreiche Sorten von Passata erhältlich. Vor dem Kauf ist es sinnvoll, die Zutaten zu prüfen. Lediglich zwei sollten aufgeführt sein: italienische Tomaten und Salz (und Letzteres sollte weniger als ein Prozent der Passata ausmachen). Produkten mit Zucker oder verschiedenen Aromastoffen sollte man misstrauen. Am besten ist und bleibt es aber, im Sommer einfach selbst Tomaten zu konservieren. Man sollte bei Bauern kaufen, die keine chemischen Spritzmittel verwenden und die Tomaten vor dem Einkochen sehr gründlich waschen.

PECORINO DI PIENZA
VERDI PASCOLI
CONSERVARE AL FRESCO
Trattato in superficie con olio di oliva e carbone vegetale
CROSTA NON EDIBILE

TRIPLO

GESCHÄLTE TOMATEN (PELATI) SELBST EINMACHEN

Mein Opa konservierte jedes Jahr mindestens 50 kg Birnentomaten und verwandelte die Küche in ein wahres Lebensmittel-Laboratorium. Außer Pelati machten wir auch passierte Tomaten ein, die wir von Hand durch eine Maschine drehten, die einen Großteil der Samen und Schalen entfernte. Das Ergebnis waren lange Reihen roter Konserven, die – ordentlich auf Metallregalen aufgereiht und durch einen blumengemusterten Vorhang geschützt – wie Soldaten das ganze Jahr für die Küche zur Verfügung standen, bis man im Sommer wieder von vorne beginnen musste.

Für etwa 4 Einweckgläser
benötigt man 3 kg Birnentomaten, reif und makellos

Die Gläser zum Sterilisieren in einen großen Topf stellen und ein Küchentuch dazwischenlegen. Mit kaltem Wasser bedecken, zum Kochen bringen und 30 Minuten sieden lassen. Sind die Gläser nur noch lauwarm, mit einer Greifzange herausnehmen und zum Trocknen mit der Öffnung nach unten auf ein sauberes Geschirrtuch stellen. Grundsätzlich neue Verschlüsse verwenden.

Jede Tomate an der Spitze kreuzweise einschneiden und für 2 Minuten in kochendes Wasser geben. Die Tomaten herausholen, abkühlen lassen und die Haut mit einem kleinen Messer abziehen. Die geschälten Tomaten auf die Gläser verteilen. Dabei ruhig stopfen, nach oben hin jedoch 2–3 cm Platz lassen. Die Gläser verschließen und in einen großen Topf stellen. Ein Küchentuch dazwischenlegen und mit kaltem Wasser bedecken, erhitzen und 30 Minuten kochen, dann etwas abkühlen lassen. Das Kochen erzeugt einen Unterdruck (um zu prüfen, ob die Gläser richtig verschlossen sind, auf den Deckel drücken). Die selbst eingemachten Tomaten halten sich bei trockener und schattiger Lagerung etwa 1 Jahr lang. Geöffnet sollten sie im Kühlschrank aufbewahrt und innerhalb von 2–3 Tagen verbraucht werden.

IMMER FRISCH

Eier, Gemüse und Fleisch

In meiner Kindheit gab es zum Frühstück immer ein frisches Ei mit Zucker in einem Glas verrührt. Wir schlugen es mit dem Schneebesen auf und löffelten es, wobei uns nichts weiter kümmerte als der großartige Geschmack. Die Eier kamen vom nächstgelegenen Hühnerhof einer Nachbarin oder von meiner Tante Dina, deren Hof auch nur einige hundert Meter von unserem Haus entfernt war.

Damals war mir nicht klar, was für ein großer Luxus dies für meinen Gaumen war, und ich hasste das Krähen des Hahns, das mich an jedem Sommermorgen pünktlich bei Morgengrauen weckte. Heute betrachte ich diese ländliche Welt als Sehnsuchtsort. Denn unsere Ernährung wird heutzutage immer künstlicher und Frische wird immer seltener. Ich finde die heutigen Supermarkteier eher langweilig im Geschmack und bringe Leute zum nachdenken, die in Geschäften meine Bemerkungen mitbekommen. Ich überprüfe oft die Stempel auf Eiern, die ohne Verpackung verkauft werden und die leider oft weder wirklich frisch noch gesund sind.

Ich verwende Eier nicht nur als Basis für Frittiertes, Süßigkeiten und Cremes, sondern auch für frische Pasta und Saucen. Für Letztere werden rohe Eier verwendet, die deshalb von bester Qualität sein müssen. Darüber hinaus lehne ich die Massentierhaltung von Hühnern ab und kaufe nur Eier von Tieren, die ein artgerechtes Leben haben, mit viel Auslauf aufgezogen werden und nach Lust und Laune scharren können. Wann immer es mir möglich ist, kaufe ich die weißen Eier von Paolo Parisi – er ist mehr ein Künstler (wie er sich selbst zu bezeichnen pflegt) als ein Hühnerzüchter. Er hat in der Toskana eine Zucht livornesischer Hühner aufgebaut und die Tiere können in freier Wildbahn scharren und müssen nicht eine bestimmte Menge Eier täglich legen. Parisi ernährt sie unter anderem mit einer Körnermischung und frischer Ziegenmilch, was den Hühnern

offenbar gefällt, denn sie legen bekömmliche Eier mit festem, fettem Eigelb, die meinen Kuchen eine beispiellose Luftigkeit verleihen. Kann ich keine von ihm bekommen, kaufe ich Bio-Eier und stelle sicher, dass die Hühner Auslauf im Freien haben und nicht auf engstem Raum gequetscht leben müssen. Massenprodukte zu kaufen birgt letztlich auch immer die Gefahr von Salmonellen, die man sich beim Verzehr roher oder nicht ganz durcherhitzter Eier schnell einfangen kann.

Die toskanische Küche basiert stark auf Gemüse, das den Gerichten den typischen Geschmack des Bodens verleiht. Da wäre zum Beispiel der Schwarzkohl, eine Grundzutat vieler Suppen; oder Schwarzwurzeln, leicht bittere Stangen, die als Beilage in der Pfanne gegart werden; oder Bohnen, die man direkt am Tisch enthülst, indem man mit dem Daumen durch die samtweiche Hülle fährt. Dazu kommen noch viele weitere Gemüsesorten. Einen Gemüsegarten zu besitzen ist ein wertvolles Geschenk, und ihm eine gute Ernte zu entlocken ist eine Kunst, die nicht jeder beherrscht. Mein Opa Alessandro hatte den nötigen grünen Daumen und auf seinem kleinen Stück Land neben dem Haus versuchte er sich an verschiedensten Sorten: Trauben und Tomaten, Salate und Wurzelgemüse, Radieschen, Sellerie, Fenchel, Bohnen und Schwarzkohl. Und natürlich gab es auch Obstbäume, deren Aprikosen und Pfirsiche die besten waren, die ich jemals gegessen habe. Mein Opa lockerte den Boden selbst, goss täglich und zupfte Unkraut mit derselben Fingerfertigkeit und Vertrautheit, mit der ich eine Zeitschrift durchblättere. Heute, mit 93 Jahren, geht er diesen Aufgaben etwas weniger emsig nach, doch sobald Regen die Erde durchnässt hat, bricht er noch immer zu einem Spaziergang auf und sucht nach Wildspargel und Steinpilzen.

Das Obst und Gemüse, das jede Woche meine Speisekammer bereichert, ist verschiedener Herkunft, doch ich versuche, nur frische und vorwiegend italienische Produkte zu kaufen, die (soweit möglich) nicht konserviert sind. Ich gehe zwei oder drei Mal die Woche zum Einkaufen, um nichts zu verschwenden. Es wäre wünschenswert, ein Gesetz würde Produzenten von Obst und Gemüse dazu verpflichten, ihre Waren mit ehrlichen Etiketten zu versehen, auf denen ersichtlich wird, ob die Produkte mit chemischen Substanzen gedüngt oder nach dem Pflücken mit Konservierungsmitteln behandelt wurden. Ich denke, dann würde sich eine bittere Realität offenbaren. Ich kann nur raten, darauf zu achten, was man kauft, und Herkunft und Zustand genau zu prüfen. Salate und Gemüse mit Blattgrün sollten frisch sein, voller Saft, prall und lebendig und nicht in sich selbst zusammenfallen. Obst sollte fest aber gleichzeitig reif sein und dem Druck der Finger ganz leicht nachgeben. Indem man frische Produkte kauft, die nicht schon ewig in den Supermarktregalen liegen, stellt man am einfachsten sicher, dass sie länger haltbar sind. Ich persönlich lagere Gemüse in Papier gewickelt im Kühlschrank und Obst ungekühlt (außer es ist zu heiß). Die Verschwendung hochwertiger Zutaten kann man mit etwas Übung vermeiden. Man sollte wissen, wie man einen Salat, eine Suppe oder einen Kuchen mit bereits vorhandenen Zutaten zubereitet, und sich angewöhnen, jeden Tag in der Speisekammer nach Lebensmitteln zu schauen, die zuerst gegessen werden sollten.

An unseren Feriennachmittagen besuchten wir auch die Kühe und Schweine der Bauern. Viele Nachbarn meiner Großeltern hielten sich einige Tiere, und die Kühe bewegten sich frei auf den Hügeln und ernährten sich vom Grün der Wiesen, bis sie bei Sonnenuntergang in ihre Ställe zurückkehrten. Der Anblick der Schweine war weniger erhaben, doch ich mochte sie trotzdem. Ich bin nicht zur Vegetarierin erzogen worden, und obwohl mir bewusst ist, dass eine Reduzierung tierischer Proteine zugunsten einer größtenteils pflanzlichen Ernährung sinnvoll ist, liebe ich Fleisch sehr und koche gerne, aber maßvoll damit. In meine Speisekammer kommt außerdem nur hochwertiges Fleisch. Rotes Fleisch und Wurst vom Schwein sind typisch für die toskanische Küche: In dieser Region entstehen tolle Produkte, die auf traditionelle Weise hergestellt werden, darunter Rindfleisch aus Chianina oder Produkte von Cinta-Senese-Schweinen. Speck, Fenchelwurst, Fiorentina-Steak – diese typisch toskanischen Zutaten bewahrt man nicht alle in der Speisekammer auf. Reife Wurst sollte zum Beispiel kühl hängen. Bei

jedem Besuch in der Toskana nutze ich die Gelegenheit, um lokale Metzgereien zu besuchen. Dort gibt es noch Leute, die ihre Arbeit mit viel Leidenschaft ausüben. Fleisch sollte nicht lange im Kühlschrank aufbewahrt werden, deswegen bereite ich es normalerweise innerhalb von 24 Stunden nach dem Kauf zu. Wenn es eingeschweißt ist (viele Metzgereien tun dies heutzutage), kann man es ein paar Tage länger aufbewahren. Ich friere Fleisch nicht gerne ein, denn meiner Meinung nach verändert sich dadurch der Geschmack, und da ich nur gelegentlich Fleisch esse, kaufe ich es dann einfach frisch. Eine Salami und ein Stück Schinken zum Aufschneiden sind jedoch eine gute Investition für die Speisekammer. Kommen Freunde zu Besuch, schiebt man noch eine Focaccia in den Ofen, holt eine Flasche Wein und ein Glas Oliven hervor und schon kann man einen schnellen Aperitif anbieten.

Wir müssen lernen,

gut zu essen, nicht besser zu kochen. Die traditionelle Küche zeitgenössischer zu gestalten bedeutet, die Zubereitung moderner und schneller zu machen, zugunsten von Geschmack und Ausgewogenheit, die für den toskanischen Lebensstil seit jeher grundlegend sind.

MACELLERIA Tozzetti
Tozzetti
Produzione
salami
tipici

Die toskanische Küche

hat weltweit mehr als nur Ansehen gewonnen – sie ist in Mode gekommen. Diese authentische, unverfälschte und außergewöhnliche Art zu kochen kann jeder leicht zu Hause umsetzen.

KAPITEL 2

Antipasti, die italienische Lebensart

DIE KUNST, ZU IMPROVISIEREN

und alle am Tisch zusammenzubringen

Toskanische Antipasti sind ein Sinnbild für die Kunst, zu improvisieren und den Augenblick zu genießen – das Wesen italienischer Lebensart. Als ich noch sehr jung war, konnte ich dieses Wesen nicht begreifen, vielleicht war es für mich zu selbstverständlich. Heute jedoch kann ich es sehen, als hätte es reale Gestalt. Schon bei der Vorbereitung kommt ein Urlaubsgefühl in mir auf, wo immer ich mich gerade befinde. Die Hektik des Alltags fällt von mir ab und schafft Raum für Inspiration. Blanke Tische verschönere ich mit einigen Blättern und Geschirr zu einer Tafel, um dann ein Stück hausgemachte Focaccia, etwas Pecorino oder Salami, ein Glas Rotwein und eine reife Birne darauf anzurichten. Danach setze ich mich unter die Pergola in die späte Nachmittagssonne und lasse die Zeit gedankenlos verrinnen. Ich räkele mich in meinem Korbstuhl, plaudere, nippe an meinem Glas und lehne den Kopf ein wenig zurück. Unten im Garten höre ich lediglich das entspannende und monotone Zirpen der Grillen.

Wer glaubt, toskanische Antipasti bestünden lediglich aus einem Teller öliger Brotscheiben, kleinen Tomaten und Speck, sollte sich dieser Vorstellung schnellstens entledigen. Toskanische Antipasti gehen weit über simple Bruschetta hinaus. Sie entsprechen einer Lebensweise, die das italienische Verständnis von einer Mahlzeit vollendet zum Ausdruck bringt: Zwanglos und fröhlich soll es sein, mit vielen leckeren Sachen, die von einem guten Glas Wein begleitet und ohne jede Hast genossen werden.

Zeit spielt eine wichtige Rolle bei Antipasti, vor allem, wenn sie als Aperitif „al fresco", das heißt im Freien, eingenommen werden. Man sollte sie weder in Eile servieren noch verzehren, denn das würde dem Gericht nicht gerecht werden. Den Tisch ganz einfach decken mit Dingen, die schmecken und gefallen. Etwa mit einer Flasche Rotwein und passenden Gläsern dazu, einem Stück Focaccia, dicken Bohnen und Pecorino mit Rinde.

Es gibt keine fixen Regeln für Antipasti. In meiner Familie gehören sie eher zum Abendessen als zum Mittagessen. Meist gehen Antipasti dem ersten Gang voraus und werden am Tisch serviert, sie können jedoch auch ein Aperitif im Stehen sein, der spontan und schnell kreiert wird. Ihre Aufgabe ist es, den Magen zu öffnen und den Appetit anzuregen. Serviert man zu viel davon, besteht die Gefahr, das Abendessen durch sie zu ersetzen – aber wieso eigentlich nicht? Reichhaltige Antipasti werden so zu einer Mahlzeit im Stehen, an der alle teilhaben können: Erwachsene, Kinder, Ältere (ein Stuhl sollte auf jeden Fall vorhanden sein). Mir gefällt die Idee einer Tafel, die mit verschiedensten Dingen gedeckt ist und von der sich jeder nach Belieben selbst bedient, vor allem wenn ich vieles davon im Voraus zubereiten und dann in Ruhe die nette Gesellschaft genießen kann. Ich liebe es, mit meinem Mann einen Unterstützer an meiner Seite zu haben, der Weinflaschen öffnet, die Schalen mit Oliven auffüllt, in der Küche Brot und Schinken schneidet und dann alles nach draußen trägt. Dadurch entsteht so ein wunderbares Gemeinschaftsgefühl und es macht mir auch nichts aus, wenn Gäste sich mit ihrem Glas Wein in der Küche zu mir gesellen, während ich arbeite. Die Küche ist meine Welt und Antipasti sind perfekt geeignet, um direkt am Herd verspeist zu werden.

Die wahren Klassiker toskanischer Küche können alle leicht zu Hause zubereitet werden: Scheiben gebackener Hühnerleber lasse ich hier einmal beiseite (sie kommen in diesem Buch absichtlich nicht vor, denn ich habe sie nie wirklich gemocht), aber ich liebe Pecorino mit dicken Bohnen, den toskanischen Brotsalat Panzanella (der auch ein leichtes Mittagessen darstellen kann) und natürlich Fenchelwurst mit Fladenbrot. Auch eine klassische Focaccia mit Rosmarin und gebackener Salbei eignen sich hervorragend als Antipasti, vielleicht zusammen mit einer Schale Oliven, die im Herbst in Salzlake eingelegt wurden, um im folgenden Sommer serviert zu werden. Wenn man Antipasti nicht am Tisch, sondern beispielsweise im Garten, unter der Pergola oder auf der Terrasse serviert, so wird aus ihnen mühelos ein Aperitif, zu dem man nichts weiter braucht als einen richtig temperierten Wein und nette Gesellschaft.

PANZANELLA TOSCANA

TOSKANISCHER BROTSALAT

Der Sommer ist kein richtiger Sommer ohne Brotsalat. Als Kind mochte ich ihn nicht, und erst als Erwachsene habe ich ihn schätzen gelernt. Ich bereite ihn mit frischen Zwiebeln zu, jedoch nur so viel, dass ihr Aroma nicht vorherrscht, und lasse ihn ziehen, bis ich nach Hause komme und ihn als schnelles Mittagessen genieße. Er schmeckt nach toskanischer Sonne, und wenn ich die Augen schließe, kann ich in der Mittagshitze die Grillen zirpen hören. Der Brotsalat ist eine althergebrachte Vorspeise, die in der bäuerlichen Tradition oft auch als Hauptspeise zum Mittagessen serviert wurde. Es gibt zahlreiche Varianten: Jene aus Florenz enthält Gurke, die in Siena wiederum fehlt, und die traditionelle nimmt altbackenes Brot, das kurz in kaltem Wasser eingeweicht und dann zerbröckelt wird. Ich habe gerne etwas größere Stücke, und obwohl ich es nicht einweiche, nehme ich trotzdem altbackenes Brot. So entsteht eine Version, die sich perfekt als Vorspeise für ein Essen unter freiem Himmel bei Sonnenuntergang eignet.

FÜR 4 PERSONEN

1 kleine rote Zwiebel
3 EL Rotweinessig
4 Scheiben toskanisches Brot vom Vortag
Salz
6 EL Olivenöl extra vergine
300 g kleine rote Tomaten
1 Gurke
frisch gemahlener schwarzer Pfeffer
1 Handvoll Basilikumblätter

Die Zwiebel in feine Streifen schneiden und in Wasser mit 1 EL Essig einlegen. Eine Stunde ziehen lassen, sodass die Zwiebel ihre Schärfe verliert. In der Zwischenzeit das altbackene Brot in Würfel schneiden und in eine Schüssel geben. Salzen, mit 2 EL Öl und 1 EL Essig beträufeln und mit den Händen gut durchmischen.

Die Tomaten waschen und in Stücke schneiden, die Gurke mit dem Gemüseschäler schälen und längs halbieren, dann in Stücke schneiden. Die Zwiebel abtropfen lassen und zu den Tomaten und Gurken geben. Dann das Gemüse mit dem restlichen Öl und Essig anmachen, nach Belieben mit Salz und Pfeffer würzen und mit dem Brot vermengen. Auf vier Schüsseln verteilen und mit den frischen Basilikumblättern bestreuen. Direkt servieren oder abgedeckt bei Zimmertemperatur etwa 1 Stunde ziehen lassen.

LE FAVE CON IL PECORINO

DICKE BOHNEN MIT PECORINO

Wenn es Frühling wird und die ersten dicken Bohnen reifen, entbrennt bei uns ein regelrechter Streit um die erste Ernte. Meine Mutter plant ihren Besuch bei meinem Opa in der Toskana mit äußerster Sorgfalt: Er fällt immer auf den Moment, wenn sich an den Pflanzen gut sichtbar die reifen Schoten im Wind bewegen – kurz davor, geerntet und verspeist zu werden. Wenn man nie frische Schoten gekostet hat, mag man Bohnen vielleicht nicht allzu sehr, da man die Zartheit ihrer Schalen nicht kennt, die zwei saftige Edelsteine enthalten. Sie sind nicht vergleichbar mit Hülsenfrüchten aus dem Supermarkt, die – leider – schon Tage zuvor geerntet wurden, bis sie bei uns auf den Tellern landen. Frisch und zusammen mit toskanischem Pecorino sowie etwas grobem Salz sind sie in der Toskana die Vorspeise par excellence.

FÜR 4 PERSONEN

1 kg Schoten von dicken Bohnen
(auch Saubohnen oder Ackerbohnen genannt)
grobes Meersalz
toskanisches Brot (als Beilage)
250 g reifer toskanischer Pecorino

Die Bohnen falls nötig waschen, manchmal reicht es, sie mit einem feuchten Tuch abzureiben. Die Bohnen in der Schote oder, falls man das lieber mag, bereits enthülst in einer Schale mit Löffel anrichten. Salz dazu reichen, wovon sich jeder am Tisch etwas nehmen kann, sowie dünne Scheiben Brot, mit reifem Pecorino belegt.

SALVIA FRITTA

FRITTIERTER SALBEI

FÜR 4 PERSONEN

30 große Salbeiblätter
75 g Weißmehl, Type 405
25 ml Olivenöl
1 Eiweiß
1 Prise Salz
500 ml Pflanzenöl zum Frittieren

Die Salbeiblätter waschen und mit Küchenpapier gründlich abtupfen, sodass sie ganz trocken sind, wenn man sie in den flüssigen Teig legt.

Für den Teig das Mehl in eine Schüssel sieben und mit einem kleinen Schneebesen mit dem Öl vermischen. Unter Rühren etwas lauwarmes Wasser dazugeben, bis der Teig eine flüssige Konsistenz hat (das kann bis zu einem Glas sein, meist reicht aber weniger). Den Teig 15–30 Minuten im Kühlschrank ruhen lassen.

Danach das Eiweiß mit der Prise Salz mithilfe des elektrischen Handmixers steif schlagen. Mit einem Silikonspatel vorsichtig unter den Teig heben.

Das Öl zum Frittieren in einer großen Pfanne einige Minuten auf mittlerer Stufe erhitzen. Wenn es beginnt, Schlieren zu ziehen, die Salbeiblätter in den Teig tauchen, mit einer Zange herausholen und den überschüssigen Teig abtropfen lassen. Etwa 1–2 Minuten frittieren, bis der Teig sich aufbläht und goldbraun wird. Den Salbei auf Küchenpapier abtropfen lassen und heiß servieren. Ich füge kein zusätzliches Salz hinzu, das kann aber jeder nach seinem Geschmack entscheiden.

ALICI AL LIMONE

SARDELLEN MIT ZITRONE

Sardellen waren in der Toskana früher die günstigsten Fische. Diese kalte Vorspeise war das Mittagessen der Fischer, die kleine Fische von geringem Wert, welche sie nachts auf dem Meer in ihren Netzen fanden, für sich behielten. Meine Oma Irma stammt ursprünglich aus Livorno und in meiner Familie wurden schon immer gern Sardellen gegessen – nicht nur mit Zitrone, sondern auch frittiert (heute bereitet meine Mutter sie für meinen Sohn Edoardo zu) oder gefüllt. Die einzige Schwierigkeit ist zu lernen, wie man sie ausnimmt, aber heute kann man auch den Fischhändler bitten, das zu übernehmen.

FÜR 4 PERSONEN ALS VORSPEISE

500 g sehr frische, geputzte Sardellen
1 Knoblauchzehe
2 unbehandelte Zitronen
120 ml Olivenöl exravergine
15 Stängel frische Petersilie, grob gehackt
2 EL Weißweinessig
frisch gemahlener schwarzer Pfeffer

Den Kopf der Sardellen entfernen und den Bauch mit einem kleinen scharfen Messer öffnen. Die äußere Gräte greifen und leicht ziehen, um sie zu entfernen. Dann die Innereien herausnehmen und bei den übrigen Sardellen ebenso verfahren. Man kann die Filets trennen oder am Schwanz verbunden lassen, wie es einem persönlich besser gefällt.

Die Fische in einem Glasbehälter in einer einzigen Schicht auslegen. Für die Marinade den Knoblauch mit einem scharfen Messer hacken, in eine Schüssel geben und den Saft der Zitronen darüberpressen, dabei die Kerne auffangen. Das Öl hinzufügen und mit einer Gabel verrühren, damit sich alles gut verbindet. Nun die Petersilie dazugeben und zum Schluss den Essig. Noch einmal mit der Gabel verrühren und die Marinade über die Sardellen geben, sodass alles gut verteilt ist. Mit Frischhaltefolie dicht abdecken und sie ein wenig nach unten drücken, damit ein leichter Unterdruck entsteht. Für 5–7 Stunden (oder sogar einen ganzen Tag) in den Kühlschrank stellen. Die Sardellen halten sich so bis zu 3 Tage.

Zum Servieren auf einer schönen Platte anrichten, mit frisch gemahlenem schwarzen Pfeffer würzen und warme geröstete Brotscheiben dazu reichen, die man mit etwas Olivenöl beträufelt und mit frischem Knoblauch einreibt.

OLIVE NERE FATTE IN CASA

SELBST EINGELEGTE SCHWARZE OLIVEN

Im Herbst ist Olivenzeit und mein Opa räumte all jene Gerätschaften weg, die dem Einmachen von Tomatenpassata und Marmelade gedient hatten, und widmete sich den schwarzen Juwelen. Sie kamen von benachbarten Olivenbauern und Opa ließ sie zuerst im Ofen runzelig werden, bevor er sie zusammen mit Knoblauchzehen und scharfen Peperoni in Glasgefäße füllte. Der Geruch davon ist eine der lebendigsten Erinnerungen in meinem kulinarischen Gedächtnis.

FÜR 4 GLÄSER À 250 g

1 kg schwarze verlesene Oliven
500 g grobes Meersalz
Olivenöl extra vergine
200 ml Weißweinessig
Knoblauch und rote Chilischoten (beliebig)

Schwarze Oliven sind eine typisch toskanische Vorspeise. Man kann sie zusammen mit grünen Oliven in Salzlake, salzlosem Brot oder Focaccia, Wurst und Rotwein servieren.

Die Oliven einzeln verlesen und jede mit zwei Einschnitten versehen, dann in ein Sieb legen und jede Schicht Oliven mit einer Schicht grobem Meersalz bedecken. Mit einem Teller abdecken, das Sieb über ein Blech oder eine Backform stellen, um die Flüssigkeit aufzufangen. Alles 5 Tage lang stehen lassen, sodass die Oliven ihr Wasser verlieren.

Den Ofen auf 150 °C (Ober-/Unterhitze) vorheizen und ein Backblech mit Olivenöl extra vergine bestreichen. Eine Mischung aus 200 ml Wasser und dem Essig anrühren und die Oliven in dem Essigwasser gut waschen, um sie vom Salz zu befreien. Die Oliven einzeln abwischen und nebeneinander in einer Schicht auf dem Blech ausbreiten.

Die Oliven im Ofen bei 150 °C backen, bis sie runzelig werden. Dann brauchen sie noch 1 oder 2 Stunden, das hängt von den Oliven ab. Normalerweise sind sie in 1,5 Stunden fertig. Aus dem Ofen nehmen und in sterile Glasbehälter geben (Gläser wie für die Tomaten auf Seite 41 vorbereiten), etwas Olivenöl extra vergine darüber geben und sie nach Belieben mit Knoblauch und rotem Chili aromatisieren.

I SALUMI CON LA FOCACCIA

FOCACCIA MIT WURST

Ich glaube, es gibt kein Land mit einem reichhaltigeren oder vielfältigeren Angebot an Wurst und Aufschnitten als Italien. Jede Region hat ihre eigenen Spezialitäten, und der Geschmack der Aufschnitte kann stark variieren, je nachdem, wie die Tiere gehalten und ernährt wurden. Roher Schinken ist in der Toskana gesalzen und wird direkt vor dem Auftischen mit einem scharfen Messer in relativ dicke Scheiben geschnitten. Das beste Stück ist die Schulter, und es gibt keinen toskanischen Haushalt, der davon nicht etwas vorrätig hätte, um es für Antipasti zu verwenden. Weitere typische Spezialitäten dieser Region sind Fenchelwurst und Schinken vom Wildschwein – ein unvergleichliches Produkt der toskanischen Gastronomie. Um eine Platte Antipasti zu einem Gang zusammenzustellen, sollte man mindestens 4–5 verschiedene Sorten von Aufschnitt nehmen: Speck, Salami, Fenchelwurst, Schinken, getrocknetes Fleisch. In meiner Familie ziehen wir die dickere und weichere Focaccia der traditionellen Schiacciata, dem toskanischen Fladenbrot, vor.

LA MIA FOCACCIA AL ROSMARINO

MEINE FOCACCIA MIT ROSMARIN

FÜR 1 BACKFORM, CA. 8 PERSONEN

500 g Weißmehl aus Weichweizen
1 TL feines Salz
25 g frische Hefe
50 ml Olivenöl, extra vergine
+ etwas mehr für das Blech
grobes Meersalz
2 Zweige frischer Rosmarin

Einer frischen Focaccia kann ich nicht widerstehen und muss einfach sofort ein Stück davon kosten, sobald sie heiß und duftend aus dem Ofen kommt. Es ist ein großes Privileg für mich, vor hungrigen Augen geschützt schon probieren zu können, während ich die Focaccia in der Küche schneide. Offen gestanden bereite ich meine Focaccia mit der Küchenmaschine zu und weiß schon gar nicht mehr, wie man einen Teig von Hand knetet, aber auch ohne moderne Küchenhelfer kann man eine fantastische Focaccia backen, nämlich so:

Das Mehl zusammen mit dem feinen Salz in eine Schüssel sieben und in der Mitte eine Mulde formen. Die zerbröckelte Hefe in 300 ml lauwarmem Wasser auflösen. Das Wasser darf nicht zu heiß sein, da die Hefe sonst abgetötet wird und der Teig dann nicht gehen kann. Das Hefewasser gut umrühren und 2 Minuten stehen lassen.

Die aufgelöste Hefe in die Mulde gießen und anfangen, alles gut miteinander zu verkneten. Dann das Öl dazugeben und etwa 5 Minuten lang kräftiger kneten, bis eine glatte und homogene Teigkugel entstanden ist. Eventuell muss man noch 1 EL Wasser oder Mehl hinzufügen, damit der Teig schön elastisch, aber nicht zu klebrig ist. Den Teig leicht bemehlen, in eine Schüssel legen und mit einem feuchten Geschirrtuch abdecken. An einem warmen Ort 1,5 Stunden ruhen lassen (der ausgeschaltete Ofen eignet sich dafür sehr gut oder im Sommer auch eine sonnig-warme Fensterbank).

Währenddessen eine rechtwinklige Backform mit Öl auspinseln. Nach der Gehzeit den Teig noch einmal kurz mit den Händen durchkneten und in die Form drücken. Dabei mit den Fingerkuppen Löcher in die Oberfläche drücken, die das Öl aufnehmen. Mit dem Geschirrtuch bedeckt noch einmal etwa 25 Minuten gehen lassen. Den Ofen auf 220 °C vorheizen.

Das Olivenöl über die Oberfläche der Focaccia sprenkeln, mit etwas grobem Salz und frischem Rosmarin bestreuen. 25–30 Minuten backen, bis sie aufgegangen und goldbraun ist. Die Focaccia aus dem Ofen nehmen und auf einem Gitter 15 Minuten ruhen lassen, dann in Streifen schneiden und servieren. Reste kann man gut einfrieren und direkt im Toaster auftauen (bei uns bleibt jedoch nie etwas übrig).

BRUSCHETTE E PANE E POMODORO

BROT UND TOMATEN, BRUSCHETTA

Bruschetta ist eine typisch toskanische Vorspeise, die glücklicherweise in der ganzen Welt Verbreitung gefunden hat. Das einzig wahre Rezept gibt es eigentlich nicht. Diese geniale Erfindung für den kleinen Hunger zwischendurch vereint zudem die drei italienischen Grundzutaten: reife Sommertomaten, frisch gepflückte Basilikumblätter und Olivenöl extra vergine, alles auf einer Scheibe dicker geschnittenen Brotes, die mit frisch geschältem Knoblauch eingerieben wurde. Die einfachere Version dieses Sommertraums ist eine Brotscheibe mit Olivenöl und Tomate, wie mein Opa sie uns morgens nach dem Aufwachen immer anstelle des klassischen Kakaos zubereitete, den ich meines Wissens kein einziges Mal zum Frühstück getrunken habe. Unerlässlich für eine gute Scheibe Brot mit Tomate ist die Qualität der Tomaten. Bruschetta kann man nur im Sommer zubereiten, wenn an den gestützten Tomatenpflanzen lauter rote Früchte in der Sonne hängen, und man braucht dafür kernarme, zimmerwarme Tomaten. Man kann eine Scheibe Brot mit Tomate prinzipiell auch im Herbst zubereiten, wenn man Rispentomaten verwendet, die aufgehängt und getrocknet wurden. Das sommerliche Aroma dieser aufs Brot geriebenen kleinen Früchte vertreibt alle anderen Gedanken aus meinem Kopf.

PANE, OLIO E POMODORO

BROT, ÖL UND TOMATE

FÜR 2 PERSONEN

4 Scheiben toskanisches Brot
1 Knoblauchzehe (nach Belieben)
4 EL Olivenöl extra vergine
feines Salz
1 Rispe reife Tomaten
frisches Basilikum (nach Belieben)

Die Brotscheiben ohne vorheriges Toasten auf einer Platte anordnen (dies ist keine Bruschetta). Falls gewünscht, die Brotscheiben beidseitig mit geschältem Knoblauch abreiben. Für die Version mit Öl reicht es, die Scheiben auf beiden Seiten mit Olivenöl extra vergine zu beträufeln und zu salzen. Für das Brot mit Tomate wird das Brot vor dem Ölen auf beiden Seiten mit halbierten Tomaten eingerieben, und zwar mit so viel Druck, dass sie ihre Farbe abgeben, aber das weiche Brot nicht zerreißt. Dann die Oberfläche mit Öl beträufeln und salzen. Sofort servieren und nach Belieben mit frischen Basilikumblättern bestreuen.

LA BRUSCHETTA CLASSICA
KLASSISCHE BRUSCHETTA

FÜR 4 PERSONEN

4 Scheiben toskanisches Brot
2 Knoblauchzehen
4–5 sehr reife Tomaten (Perini oder Picadilly)
4 EL Olivenöl extra vergine
feines Salz
8 Blätter frisches Basilikum

Für Bruschetta wird in der Regel salzloses toskanisches Brot verwendet, man kann sie aber auch mit anderem Brot zubereiten, vorausgesetzt die Scheiben können die Tomaten gut aufnehmen. Damit es stabiler ist, muss das Brot geröstet werden, entweder im Toaster oder auf dem Herdgitter, wie wir es zu Hause machen. Wird das Brot nicht getoastet, kann man die Bruschetta nicht auf der Hand essen, wie es Tradition ist.

Nachdem das Brot einige Minuten von jeder Seite geröstet wurde, wird der Knoblauch geschält und auf die Oberseite des Brotes gerieben. Das Brot zur Seite stellen.

Die Tomaten waschen und in kleine Stückchen schneiden. In einer Schüssel mit Öl und Salz anmachen und gut umrühren, um den Geschmack des Sommers hervorzulocken. Die angemachten Tomaten auf die gerösteten Brotscheiben häufen, mit einigen Basilikumblättern garnieren und sofort servieren.

BUFALA CON POMODORI DELL'ORTO

BÜFFELMOZZARELLA MIT TOMATEN AUS DEM GARTEN

Der klassische Caprese-Salat gehört zu den Vorspeisen, die am leichtesten zuzubereiten sind. Tomaten- und Büffelmozzarellascheiben werden im Wechsel ausgelegt und mit Basilikum, Salz und Öl angemacht. Mein Büffelmozzarella mit Tomaten aus dem Garten lässt im Mund die gesamte Hitze des Toskanasommers explodieren. Die Tomaten müssen reif sein, voller Sonne und Geschmack und sollten Umgebungstemperatur haben. Der Büffelmozzarella sollte noch voller Milch, weich und cremig sein und das Olivenöl extra vergine das beste verfügbare. Dazu Meersalzflocken von hoher Qualität, zum Besipiel das Salz von Maldon. Das Ergebnis ist überhaupt nicht vergleichbar mit den gummiartigen Versionen, die man in manchen Gasthäusern vorgesetzt bekommt und bei denen der Mozzarella fast schon wie weißes Plastik aussieht und die Tomatenscheiben wie Kartoffeln schmecken.

FÜR 2 PERSONEN

1 frischer Büffelmozzarella
2 reife Tomaten (für Salat)
Olivenöl extra vergine
feine Meersalzflocken
frisches Basilikum

Büffelmozzarella ist reich- und fetthaltiger als die Variante aus Kuhmilch. Auch geschmacklich liegen Welten zwischen beiden Produkten. Oft wird Mozzarella außerhalb des Kühlschranks aufbewahrt, was ich ehrlich gesagt nicht unbedingt empfehlen würde, vor allem nicht bei heißen Temperaturen. Man sollte den Mozzarella jedoch eine Stunde vor dem Servieren aus dem Kühlschrank nehmen und ihn Zimmertemperatur annehmen lassen.

Am besten zerpflückt man den Mozzarella mit den Händen, statt ihn zu schneiden, und legt ihn zusammen mit halbierten oder geviertelten Tomaten auf Teller. Alles mit Olivenöl extra vergine beträufeln, ein wenig salzen und einige Basilikumblätter darüberstreuen. Schon hat man in kürzester Zeit eine leckere Vorspeise fertig.

FRITTO MISTO TOSCANO

TOSKANISCHES FRITTO MISTO

In Florenz sagen sie: „Sogar eine Ciabatta schmeckt gut, wenn man sie frittiert“, und sehr wahrscheinlich haben sie Recht. Nahezu alles kann durch Teig gezogen und frittiert werden, um zu einer perfekten Vorspeise zu werden. Gemüse, Blüten und Fische werden in der Toskana am häufigsten in Fett ausgebacken, abhängig von den Jahreszeiten – aber auch Fleisch eignet sich gut zum Frittieren, es wird jedoch seltener für Vorspeisen verwendet. Kleine toskanische Artischocken (rund, violett und ohne Stacheln) liegen auf den Marktständen dicht an dicht mit blühenden Zucchini. Calamari, weiße Fischchen und Krabben, eben erst von im Tyrrhenischen Meer fischenden Booten abgeladen, ergeben ein Fritto misto aus Meeresfrüchten, wie es nur an der toskanischen Küste von Argentario bis Forte dei Marmi möglich ist. Auf jeden Fall sollte man nur frischeste Ware frittieren, einen leichten Teig zubereiten und frisches Pflanzenöl oder Olivenöl verwenden – niemals wiederverwertetes. Dann kann nichts schiefgehen.

FLÜSSIGER BACKTEIG

300 g Reismehl
ca. 150 ml Mineralwasser mit Kohlensäure, sehr kalt
1 TL Salz
1 l Olivenöl oder Pflanzenöl zum Frittieren

Die Qualität von Frittiertem erkennt man an seiner Leichtigkeit und seinem Geschmack. Man sollte es mit der Hand essen können, ohne sich dabei schmutzig zu machen, also darf es nicht fettig sein. Die Hülle ist knusprig im Mund und hält gut an den Zutaten (Frittiertes, das auseinanderfällt, ist schlecht gemacht). Außerdem ist es auf den Punkt gesalzen: nicht zu viel und nicht zu wenig. In reichlich frischem Öl zu frittieren ist essenziell für ein gutes Ergebnis wie auch die richtige Ausstattung: eine tiefe Pfanne, eine Zange, um das Frittiergut ins Öl geben zu können, ohne sich zu verbrennen, eine Schaumkelle, um das Frittierte herauszunehmen, wenn es fertig ist, und genügend Küchenpapier, um das Fett aufzufangen, bevor man die Leckerbissen auf Tellern oder in Strohpapiertüten anrichtet.

Für Frittiertes mit den genannten Eigenschaften braucht man einen guten Teig. Dafür das Reismehl in eine Schüssel geben und mit einem Schneebesen auflockern. Das Mineralwasser langsam zugießen, sodass sich keine Klümpchen bilden. Weiterrühren, bis der Teig eine dickflüssige Konsistenz erreicht hat (man braucht mitunter nicht das gesamte Wasser). Den Teig salzen und im Kühlschrank aufbewahren, wenn man ihn nicht sofort verwendet.

ANELLI DI CALAMARO FRITTI
FRITTIERTE TINTENFISCHRINGE

FÜR 4 PERSONEN

400 g geputzter Tintenfisch
Teig und Öl zum Frittieren (siehe vorherige Seite)
Salz

Am besten den Fischhändler bitten, die Tintenfische auszunehmen und ganz frische, nicht zu große kaufen. Den Tintenfisch falls nötig mit Wasser abspülen und mit Küchenpapier trocken tupfen. Dann in Scheiben von ca. 1 cm Dicke oder etwas schmaler schneiden.

Das Öl in einer tiefen Pfanne erhitzen. Die Tintenfischringe direkt vor dem Frittieren in den Teig geben und darin wenden, bis sie komplett umhüllt sind. Mit einer Zange alle Ringe einzeln herausnehmen und direkt in das siedende Öl geben. 2–3 Minuten frittieren lassen, bis die Ringe leicht goldbraun sind. Mit der Schaumkelle herausnehmen, auf Küchenpapier abtropfen lassen, salzen und heiß servieren.

CARCIOFI & FIORI DI ZUCCA
ARTISCHOCKEN UND ZUCCHINIBLÜTEN

FÜR 4 PERSONEN

4 Artischocken
Teig und Öl zum Frittieren (siehe vorherige Seite)
12 Zucchiniblüten

Die Artischocken putzen, indem man die äußeren Blätter entfernt und das obere Ende mit den Stacheln und den Stiel abschneidet. Jede Artischocke in 8 Stücke teilen und das innere Heu entfernen. Die Stücke direkt in den Teig legen, damit sie nicht braun werden, und die geputzten und abgetrockneten Zucchiniblüten dazugeben.

Das Öl in einer tiefen Pfanne erhitzen. Die Artischocken portionsweise goldbraun frittieren. 2–3 Minuten sollten ausreichen. Mit der Schaumkelle herausnehmen und auf Küchenpapier abtropfen lassen. Während sie abkühlen, salzen und auf die gleiche Weise mit den Zucchiniblüten verfahren, danach alles servieren.

KAPITEL 3

Gnocchi und Pasta: Paradies auf dem Teller

ZU TISCH!

Keine richtige Mahlzeit beginnt ohne ersten Gang

Pasta – mit Sauce oder in Brühe – ist die Quintessenz der italienischen Küche. Sie schmeckt jedem, mit ihr lässt sich aus fast nichts eine Mahlzeit kreieren und sie ist äußerst vielseitig, denn man kann sie mit beinahe allem würzen. Traditionell werden Nudelgerichte nur als erster Gang zu Mittag und Nudelsuppen am Abend gegessen. Der heutige Lebensstil hat jedoch neue Gewohnheiten etabliert, und immer öfter wird auch abends ein Teller Nudeln aufgetischt.

Die große Küche der Villa Borgo Santo Pietro lässt keine Wünsche offen, wenn man eine große, gesellige Tafelrunde abhalten möchte. Eine Kücheninsel mit Herd, ein imposanter Kamin und ein langer Tisch, flankiert von ausreichend Stühlen für die Gäste. In diesem alten Haus aus dem 13. Jahrhundert, das Jeanette und Claus Thottrup mit Geduld und Liebe restauriert und in einen offenen Wohnsitz mit viel Raum für Gäste verwandelt haben, spürt man wahrhaftig den Geist der Gastfreundschaft und den Wunsch nach entspannter Gemeinschaft, der sich gleichermaßen in einem Teller Pasta ausdrückt. Der das Haus umgebende große Obst- und Gemüsegarten steuert einen Großteil der frischen Zutaten für die Mahlzeiten bei. Noch ein wenig Mehl, Wasser und Eier, und ganz leicht ist ein köstlicher erster Gang zubereitet.

Aromatische, frisch geschnittene Kräuter geben großartigen Geschmack, und alte, hinter schweren Holztüren gelagerte Kartoffeln werden zu weichen, delikaten Gnocchi. Und dann ist da noch jene magische Zutat, die man wirklich nur in der Toskana genießen kann: majestätische Blicke über die Hügel, blauer Himmel, der am Horizont Regen ankündigt, und gleichmäßige Reihen von Pappeln, die den Pfad säumen.

Ich mochte es schon immer, in der Küche zu essen, denn so kann ich zwischen Herd und Tisch hin- und herwechseln, während die Gäste nach und nach ankommen.

Jemand serviert im Stehen einen Aperitif, und sobald die Gesellschaft vollständig ist, verkünde ich: „Jetzt werfe ich die Nudeln ins Wasser." Auf diese informelle Weise kündigt man an, dass sich jeder demnächst zu seinem Platz begeben kann, denn in etwa zehn Minuten wird bereits angerichtet.

Auch wenn es nicht den Anschein hat – meine Vorstellung von einer Gesellschaft ist recht einfach. Ich kümmere mich gerne allein ums Kochen, aber das Tischdecken lasse ich gerne andere übernehmen. Einige meiner Freundinnen haben eine größere Leidenschaft dafür als ich, was uns zu einem perfekten Team macht.

Eine hübsche Tischdecke aus Leinen oder Baumwolle, Gläser mit Stiel und ein paar Kerzen genügen schon, um eine schöne Tafel im ländlichen Stil zu decken. Wenn man durch ein Tellerservice in Pastelltönen noch ein wenig Grün hineinbringt, entsteht etwas „zwanglos Formelles", wie ich es nenne – ein schöner, eleganter, sehr schlichter und vor allem praktisch gedeckter Tisch. Als ich Jeanette kennenlernte, teilten wir sofort gewisse Aufgaben unter uns auf: Sie überließ mir großzügig die Leitung der Küche und ich ihr die Tischgestaltung. Und an einem Vormittag, als sich der erste frühlingshafte Sonnenschein zeigte, redeten und kosteten wir, stellten Farben und Stoffe zusammen und genossen dann draußen im Garten ein Essen mit passendem Wein. Was gibt es Schöneres, als gemeinsam in der Küche zu plaudern, Geschichten zu erzählen und etwas Gutes für eingeladene Freunde zuzubereiten?

WIE MAN NUDELN KOCHT

Falls es etwas seltsam erscheint, dass ich in einem Kochbuch ein paar Zeilen dem Kochen von Nudeln widme, kann man diesen Absatz auch gerne überspringen; ich möchte es einfach nicht für selbstverständlich erachten, dass jeder genau weiß, wie man Pasta zubereitet. Nudeln lassen sich ganz einfach al dente, also bissfest, kochen, wenn man weiß, wie. Offen gestanden ist das perfekte Kochen von Nudeln bei uns Italienern eine Frage des Stolzes, und wir machen aus dieser einfachen Angelegenheit eine Art Ritual, was ihr ein gewisses Flair verleiht. Der Topf muss groß und hoch sein. Ich nehme einen Stahltopf, der 5 Liter Wasser fasst und in dem man ein halbes Kilo Nudeln kochen kann. Die traditionelle Regel lautet: 1 Liter Wasser und 10 Gramm Salz pro 100 Gramm Nudeln. Ich persönlich finde das etwas zu viel (vor allem das Salz) und halte mich an folgende Mengen: 2 Liter Wasser und 10 Gramm Salz pro 250–300 Gramm Nudeln. Das Salz wird ins Wasser gegeben, wenn es zu kochen beginnt. Die Nudeln kommen hinein, wenn das Wasser den Siedepunkt erreicht hat und sprudelnd mit großen, brodelnden Blasen kocht. Einmal umrühren, damit die Nudeln nicht zusammenkleben. Schließlich ist das Probieren die beste Methode, um festzustellen, ob die Nudeln fertig sind oder nicht. Wann sind sie „al dente"? Das ist in jeder Familie anders und selbst innerhalb der Familien gibt es manchmal Unstimmigkeiten. Man sollte also seine eigenen Regeln finden und sie zur Tradition machen. Auf jeden Fall darf eine durchgeschnittene Nudel im Inneren keinen weißen Kern haben, der heller ist als der Rest, denn dann ist sie nicht lang genug gekocht worden.

TOPINI, GNOCCHI UND MALFATTI

In der Toskana nennen wir kleine Gnocchi „topini", Mäuschen. Sie unterscheiden sich nicht sehr von klassischen Gnocchi, aber sie haben eine Besonderheit: Sie zergehen mit paradiesischer Zartheit auf der Zunge. Der Grund ist das Fehlen von Eiern im Teig. Ihre rundliche Form entsteht durch kurzes Rollen zwischen den Handballen statt entlang einer Reibe. Für die Zubereitung sollte man alte Kartoffeln von heller Farbe nehmen und so wenig Mehl wie möglich verwenden, dann bleiben sie schön locker. Ich koche die Kartoffeln ohne Schale, auch wenn man das angeblich nicht tun soll – abgesehen davon mache ich alles laut Rezept, brauche so jedoch weniger Zeit. Wenn man gelernt hat, das Mehl genau richtig zu dosieren, eröffnet sich einem die wunderbare Welt selbst gemachter Gnocchi wie auch der Malfatti, ihrer größeren, schmackhafteren Verwandten. Einmal probiert wird man nie wieder abgepackte kaufen wollen.

TOPINI OLIO E SALVIA

TOPINI MIT ÖL UND SALBEI

Meine Mutter ist in der massenweisen Herstellung dieser kleinen paradiesischen Leckerbissen besser als ich, aber ich hoffe, nach weiteren zehn Jahren Übung ihre Fingerfertigkeit erreicht zu haben. Für einen wirklich authentischen Geschmack muss man die Gnocchi mit besonders reinem Olivenöl beträufeln, aber sie schmecken auch mit Butter sehr gut.

FÜR 3–4 PERSONEN

500 g alte Kartoffeln
1 TL grobes Salz
150–200 g Mehl, Type 405
30 ml Olivenöl extra vergine
frische Salbeiblätter
2 EL frisch geriebener Parmesan Reggiano

Die Kartoffeln schälen, in Stücke schneiden und mit dem Salz in einen Topf geben. Mit Wasser bedecken, zum Kochen bringen und bei niedriger Hitze etwa 15 Minuten köcheln lassen. Sobald die Kartoffeln weich sind, sie in ein Sieb abgießen, etwas abkühlen lassen und zweimal durch die Kartoffelpresse geben.

Die Hälfte des Mehls portionsweise zu den Kartoffeln geben und zuerst mit einem Holzlöffel, dann mit den Händen einarbeiten. Dann den Teig auf die bemehlte Arbeitsfläche geben und noch etwas Mehl zufügen, bis er eine griffige Konsistenz hat. Den Teig nicht zu lange bearbeiten, sonst werden die Gnocchi zäh.

Den Teig in 5 oder 6 Stücke schneiden und leicht mit Mehl bestäuben. Jedes Stück zu einer Wurst mit etwa 1,5 cm Durchmesser rollen. Die Gnocchi mit einem Messer mit sauberer, runder Klinge schneiden, kurz zwischen den Handballen rundlicher rollen und auf ein leicht bemehltes Küchentuch legen. Mit dem restlichen Teig ebenso verfahren.

Die Gnocchi direkt vor dem Anrichten kochen. Salzwasser in einem großen Topf zum Kochen bringen. In der Zwischenzeit in einer kleinen Pfanne Olivenöl extra vergine mit dem Salbei erhitzen. Dabei aufpassen, dass der Salbei nicht braun wird.

Die Hälfte der Gnocchi in das kochende Wasser geben und vorsichtig umrühren. Wenn sie an die Oberfläche steigen (nach ca. 2 Minuten), die Gnocchi mit einem großen Schaumlöffel herausfischen und in eine Suppenschüssel oder eine große Schale geben. Auch die restlichen Gnocchi so garen und alle mit dem aromatisierten Salbeiöl beträufeln. Auf Teller verteilen und mit Salbeiblättern und etwas Parmesan Reggiano garnieren.

GNOCCHI DI CASTAGNE

KASTANIENGNOCCHI

Dieses Rezept ist eines Tages ganz zufällig entstanden, als ich Kastanienmehl von einem Kuchen übrig hatte. Es hat nicht den Anspruch, authentisch zu sein, aber ich habe es in dieses Buch aufgenommen, weil allein der Geruch dieses Gerichts mich sofort an den Herbst in der Toskana erinnert. Die Gnocchi sind leicht zuzubereiten und vertragen sich gut mit Öl, Butter, frischen Kräutern und, nach Belieben, mit diversem Käse. Um der regionalen Tradition treu zu bleiben, verwende ich weichen, nicht zu lange gereiften toskanischen Pecorino.

FÜR 3–4 PERSONEN

500 g alte Kartoffeln
1 TL grobes Salz
1 Ei
180 g Kastanienmehl
2–3 EL Mehl für die Arbeitsfläche
40 g Butter
Muskatnuss
1 EL frisch geriebener toskanischer Pecorino

Die Kartoffeln schälen, in Stücke schneiden und mit dem Salz in einen Topf geben. Mit Wasser bedecken, zum Kochen bringen und bei niedriger Hitze etwa 15 Minuten köcheln lassen, bis die Kartoffeln weich sind. Abgießen, abkühlen lassen und dann zweimal durch die Kartoffelpresse geben. Die Kartoffelmasse in eine Schüssel geben, das Ei dazugeben und gut verrühren.

Zuerst die eine Hälfte des Kastanienmehls hinzufügen und mit einem Holzlöffel einarbeiten. Die Arbeitsfläche mit 1 EL Weißmehl bestreuen, den Teig daraufgeben und weiteres Kastanienmehl unterkneten, bis ein homogener, nur leicht klebriger Teig entstanden ist. Es kann sein, dass nicht das gesamte Mehl benötigt wird.

Den Teig zu einer Kugel formen, diese vierteln und die Stücke zum Verarbeiten mit einem weiteren EL Weißmehl bestreuen. Dann die Teile zu Würsten von etwa 2 cm Durchmesser ausrollen. Mit einem Messer mit abgerundeter Klinge die Gnocchi schneiden und sie zwischen den Handballen rundlicher rollen. Danach auf ein bemehltes Küchentuch legen.

Wasser in einem großen Topf zum Kochen bringen und salzen. Jeweils die Hälfte der Gnocchi ins kochende Wasser geben und garen. Nach etwa 2 Minuten steigen sie an die Wasseroberfläche, dann sind sie fertig. Mit einer Schaumkelle herausnehmen und in eine Suppenschüssel geben. Die Butter schmelzen lassen und die Gnocchi darin schwenken. Auf Teller verteilen und mit gemahlener Muskatnuss und dem Pecorino bestreuen.

GNUDI BIANCHI

RICOTTANOCKEN

„Gnudi" bedeutet in der Toskana so viel wie „nackt, ohne alles" und diese weißen, lediglich aus Schafsricotta gemachten Gnocchi sind ein perfektes Beispiel für die Einfachheit dieser Küche. Wenn kein Schafsricotta erhältlich ist, kann man auch einen guten Ricotta aus Kuhmilch verwenden. Dies ist kein Rezept, das man auf den letzten Drücker zubereiten kann, denn es braucht 24 Stunden Vorbereitungszeit. Das Gute daran ist, dass die Gnocchi dann in wenigen Minuten gekocht und somit in kürzester Zeit servierbereit sind. Trotz ihrer Leichtigkeit sind sie für mich ein Wintergericht und ich serviere sie heiß, mit Parmesan bestreut und mit Olivenöl beträufelt vor einem reichhaltigen zweiten Gang wie beispielsweise einem Braten.

FÜR 5 PERSONEN

500 g Ricotta, vorzugsweise aus Schafsmilch
1 kleine Muskatnuss
100 g frisch geriebener Parmesan Reggiano
+ etwas mehr zum Servieren
Salz
500 g Grieß
Olivenöl extra vergine
Muskatnuss

Den Ricotta in ein feines Sieb geben und dieses für 2 Stunden über eine Schüssel hängen, sodass die Flüssigkeit abtropfen kann. Dann in eine Schüssel umfüllen und mit einer Gabel gut umrühren. Nach Belieben Muskatnuss darüberreiben. Parmesan und 1 Prise Salz hinzufügen. Gut vermischen, mit abdecken und für 30 Minuten im Kühlschrank ruhen lassen.

Eine rechteckige Servierplatte großzügig mit Grieß bestreuen. Übrigen Grieß in einem tiefen Teller auf der Arbeitsfläche griffbereit stellen. Eine Portion Ricotta aus der Schüssel abstechen und mit zwei Esslöffeln eine ovale Nocke formen. Falls dies nicht gut gelingt, kann man auch mit der gleichen Menge runde Kugeln formen. Die Ricottanocke im Grieß wenden, sodass sie gut umhüllt ist. Jede Nocke mit Grieß bedecken und auf die Platte legen. Sind alle Nocken fertig, den restlichen Grieß darübergeben, die Platte mit einem Geschirrtuch abdecken und für 24 Stunden in den Kühlschrank stellen.

Zum Kochen der Nocken Wasser in einem großen Topf zum Kochen bringen und salzen. Die Nocken portionsweise hineingeben und sie mit der Schaumkelle nach 3 Minuten, oder wenn sie an der Oberfläche schwimmen, herausnehmen. Auf Teller verteilen und jeweils 1 EL Olivenöl über die Nocken geben und mit Parmesan bestreuen.

MALFATTI ALLE ERBE

KRÄUTERKLÖSSCHEN

Dieses Rezept verwendet Disteln und die ersten frischen Kräuter aus dem Garten. Der Geschmack ist etwas speziell, aber gemischt mit Schafsricotta ist es typisch für die toskanische Küche. Falls keine Disteln zu finden sind (oder Ihnen der bittere Beigeschmack nicht gefällt), kann man sie durch Spinat ersetzen.

FÜR 4–5 PORTIONEN

½ kg Distelblätter
Meersalz
250 g frischen Schafsricotta
frisch geriebene Muskatnuss
2 frische Eier
4–5 EL frisch geriebener Parmesan Reggiano
2 EL Weißmehl, Type 405
+ etwas mehr zum Verarbeiten
100 g Grieß
100 g Butter
frischer Thymian und Oregano sowie Bergminze (falls verfügbar)

Die Distelblätter vom Stiel lösen und waschen. Den Stiel für eine anderweitige Verwendung beiseitelegen (man kann ihn beispielsweise mit oder ohne Béchamelsauce gratinieren). Einen Topf mit Wasser und etwas Salz zum Kochen bringen, die Blätter hineingeben und 5 Minuten kochen lassen. Das Grün abtropfen lassen, gut ausdrücken, etwas abkühlen lassen und mit einem großen Messer fein hacken. Das gehackte Grün mit dem Ricotta in eine große Schüssel geben und gut vermischen. Mit frisch geriebener Muskatnuss abschmecken, die Eier und den Parmesan hinzufügen und mit einer Gabel gut verrühren.

Etwas Mehl in eine Tasse geben und den Grieß in einen tiefen Teller. Um die Malfatti zu formen, nimmt man eine Portion mit dem Löffel und gibt sie in die Tasse, die man dann vorsichtig schwenkt, um den Teig rotieren zu lassen. Den Malfatto dann in den Teller mit Grieß fallen lassen, ihn gut damit umhüllen und bis zum Kochen beiseitelegen. Weiter so verfahren, bis der komplette Teig verbraucht ist.

Reichlich Wasser in einem großen Topf zum Kochen bringen, salzen und die Malfatti portionsweise hineingeben. Etwa 5 Minuten kochen lassen, bis sie an die Oberfläche steigen. Mit einer Schaumkelle herausheben und warm halten, bis alle Klößchen fertig sind. Die Butter in einem kleinen Topf schmelzen lassen und die gehackten Kräuter hineingeben. Die Kräuterbutter über die Malfatti geben und diese mit Parmesan bestreut servieren.

Wasser und Weizen

ergeben ein einfaches und uraltes Gemisch, das heute noch so verarbeitet wird wie früher, um die Pasta als ein besonderes Gericht und weltweites Wahrzeichen des italienischen Lebensstils zu würdigen.

PICI CON FAVE E PECORINO

PICI MIT BOHNEN UND PECORINO

Die Pici sind frische, handgemachte Nudeln und typisch für das Gebiet des Val d´Orcia. Es ist nicht schwer, sie zu Hause selbst zu machen, aber es dauert eine Weile. Ich greife lieber auf die fertigen zurück, die man in spezialisierten Geschäften kaufen kann. Alternativ gelingt dieses Rezept aber auch sehr gut mit Taglierini aus Eierteig oder mit dicken Spaghetti. Zitronensaft, die ersten Bohnen und Pecorino können zusammen meine tauben Sinne mit Frühlingsgefühlen überfluten und mich, egal wo ich gerade bin, unter die Sonne der Toskana katapultieren.

FÜR 4 PERSONEN

350 g Pici
400 g frische Bohnen
2 Zitronen, vorzugsweise aus Sorrent
350 g frischer toskanischer Pecorino
50 g reifer toskanischer Pecorino
5 EL Olivenöl extra vergine
Salz und frisch gemahlener schwarzer Pfeffer

Frische Pici müssen nur 2 Minuten kochen, die trockenen hingegen 10 Minuten – je nachdem, welche man wählt, bereitet man die Sauce vor oder während der Kochzeit zu.

Die Bohnen wenn nötig enthülsen und in eine Schüssel geben. Kleine frische Bohnen brauchen nicht geschält zu werden. Sind sie jedoch größer und somit etwas härter, kann man sie für 2 Minuten in kochendes Wasser geben und dann häuten. Die Bohnen beiseitestellen.

Die Zitronen auspressen, den Saft in eine Schüssel geben und den frischen Pecorino mit der gröbsten Seite der Reibe raspeln. Käse und Zitronensaft vermischen, das Öl hinzugeben und einige Minuten ruhen lassen, bis es anfängt zu zergehen.

Wasser in einem großen Topf zum Kochen bringen, salzen und die Pici nach Packungsanweisung kochen. Die Nudeln abtropfen lassen, dabei etwas Kochwasser auffangen. Die Zitronensauce zu den Nudeln in den Topf geben, die Bohnen und den geriebenen Pecorino hinzufügen und gut vermischen. Vor dem Servieren ein wenig von dem Kochwasser und etwas Pfeffer dazugeben und sofort anrichten.

CARBONARA CON GUANCIALE

CARBONARA MIT SPECK

Die Carbonara ist natürlich nicht toskanisch, aber meine Version mit Speck, der hier auch „gota salata" genannt wird, ist sehr verbreitet zwischen Siena und Lucca, wo im Herbst mit der Herstellung dieser gereiften Wurstware begonnen wird. Nach vielen Kostproben in toskanischen Trattorien habe ich das perfekte Rezept ausgearbeitet. Mir gefällt, wie einfach und schnell es sich zubereiten lässt. Das einzige Geheimnis besteht darin, die Carbonara nicht zu trocken werden zu lassen (und: Sahne ist hier strengstens verboten).

FÜR 4 PERSONEN

100 g durchwachsener Speck
50 g reifer toskanischer Pecorino
Salz
350 g grobe Spaghetti („alla chitarra")
4 frische Bio-Eier
frisch gemahlener schwarzer Pfeffer

Den Speck in kleine Streifen oder Würfel schneiden und in einer beschichteten Pfanne etwa 3–4 Minuten bei mittlerer Hitze anbraten. Die Pfanne schwenken, sodass der Speck überall braun wird. Auf einen Teller mit Küchenpapier geben, damit der Speck schön knusprig bleibt.

Wasser in einem großen Topf mit hohem Rand zum Kochen bringen und salzen. Die Spaghetti (ohne sie durchzubrechen) gar kochen und abgießen, wenn sie al dente sind. Während die Nudeln kochen, den Pecorino reiben und mit den Eiern in eine Schüssel geben. Mit einer Gabel verrühren und vorerst nur leicht pfeffern.

Beim Abgießen der Nudeln eine Tasse Kochwasser auffangen und die Pasta sofort wieder in den heißen Topf geben – jedoch nicht auf die Herdplatte. Die Eimischung darübergeben und mit einem Holzlöffel verrühren. Die Hitze der Nudeln lässt das Ei nun genau richtig stocken. Den Speck hinzufügen sowie etwas Nudelwasser, falls die Carbonara zu trocken sein sollte. Keine Sorge, falls sie etwas zu flüssig scheint – die Flüssigkeit wird sehr schnell aufgenommen. Die Spaghetti heiß servieren und nach Belieben etwas mehr pfeffern.

PENNE CON LE VERDURE DELL'ORTO

PENNE MIT GARTENGEMÜSE

Nudeln sind in Italien ein fundamentales Kulturgut und Penne sowie Spaghetti sind Sinnbild des Lebensstils. Eine passende Sauce kann aus allem Möglichen bestehen, und wenn man einen kleinen Garten hat (oder auch einen guten Obst- und Gemüseladen vor Ort), so verfügt man über eine reiche Inspirationsquelle. Fast jedes beliebige Gemüse kann mit etwas Olivenöl extra vergine und frischen Kräutern in der Pfanne gedünstet werden. Diese Version mit jungen Zucchini ist ein toller Klassiker. Als Variante kann man auch Spargel und Erbsen nehmen.

FÜR 4 PERSONEN

1 Frühlingszwiebel
5–6 ganz junge Zucchini (maximal 1 cm Durchmesser)
7–8 Zucchiniblüten
6–8 EL Olivenöl extra vergine
Meersalz
350 g Penne rigate
frischer Schnittlauch, Oregano und Thymian
4 EL frisch geriebener Parmesan Reggiano
frisch gemahlener schwarzer Pfeffer

Die Frühlingszwiebel und die Zucchini waschen und in Scheiben schneiden. Die Zucchiniblüten waschen und die einzelnen Blütenblätter abzupfen. 3 EL Olivenöl mit 1 EL Wasser in einer großen Pfanne mit Deckel erhitzen (das Wasser zusammen mit dem Öl in die Pfanne geben, sonst spritzt es). Die Frühlingszwiebel hineingeben, gut umrühren und bei geringer Hitze zugedeckt 3 Minuten köcheln lassen. Dann die Zucchini und die Blüten hinzufügen, salzen und kurz unter Rühren mitdünsten. Deckel wieder auflegen und weitere 3 Minuten garen. So wird das Gemüse zart, ohne auseinanderzufallen.

Wasser in einem großen Topf zum Kochen bringen und salzen. Die Penne hineingeben und nach Packungsanweisung bissfest kochen. Inzwischen die frischen Kräuter waschen, trocken schütteln und mit einem großen Messer fein hacken.

Die fertigen Penne in ein Sieb abgießen, in die Pfanne zum Gemüse geben und gut vermischen, sodass die Pasta von der Sauce umhüllt wird. Zum Schluss das restliche Öl, die Kräuter und den Parmesan darübergeben. Noch einmal mit Salz und Pfeffer abschmecken, die Pasta umrühren und sofort servieren.

TAGLIOLINI PISELLI E PROSCIUTTO

TAGLIOLINI MIT ERBSEN UND SCHINKEN

Wenn man eine Pastamaschine besitzt, sind Eiernudeln so leicht selbst zu machen, dass man sicher keine fertigen mehr kaufen wird. Man kann sie natürlich auch mit einem einfachen langen Nudelholz von Hand machen, das erfordert jedoch ein gewisses Geschick und zudem braucht man einiges an Platz dafür. Ich stelle Nudeln mit dem entsprechenden Nudelaufsatz meiner Küchenmaschine her, aber es funktioniert mit jeder anderen Pastamaschine (auch einer manuellen) genauso gut. Dieses Rezept geht mit dem Mixer so schnell, dass ich es oft sogar unter der Woche zubereite, wenn eigentlich nur wenig Zeit zum Kochen bleibt. Zusammen mit einem Glas Weißwein sorgt dieses Gericht bei mir sofort für Urlaubsstimmung.

FÜR 4 PERSONEN

300 g Hartweizengrieß
+ etwa 70 g zusätzlich zum Verarbeiten
Salz
3 frische Bio-Eier
500 g frische Erbsen
6 EL Olivenöl extra vergine
2 Knoblauchzehen
1 EL frische Thymianblätter
4 dünne Scheiben roher Schinken
frisch gemahlener schwarzer Pfeffer
3 EL Parmesan Reggiano

Den Grieß und 1 TL Salz in die Schüssel der Küchenmaschine geben, die Eier hinzufügen und mit den Knethaken 3 Minuten kneten. Sollte der Teig am Boden etwas zu trocken bleiben, 1 EL Wasser dazugeben. Wenn man den Teig per Hand zubereiten möchte, alle Zutaten in eine Schüssel geben und mit beiden Händen für etwa 5 Minuten kräftig kneten, dann den Teig auf eine bemehlte Arbeitsfläche legen und noch einmal einige Minuten kneten, bis er zu einer glatten und homogenen Kugel geworden ist. Die Teigkugel leicht mit Mehl bestäuben und in einem Geschirrtuch ca. 15 Minuten ruhen lassen. Wenn man möchte, kann man in der Zwischenzeit die Sauce zubereiten.

Den Aufsatz zum elektrischen oder manuellen Auswellen an der Nudelmaschine montieren. Benutzt man einen elektrischen, wie ich es tue, hat man in kürzester Zeit seine Nudelblätter, weil man beide Hände zur Verfügung hat und nicht mit einer Hand kurbeln muss. Den Teig in 4–6 Stücke schneiden, jedes Stück mit Mehl bestäuben und durch die Auswellwalzen geben. Die Walzen zunächst auf einen größeren Abstand einstellen, beim zweiten Durchgang dann enger stellen. Führt man diesen Schritt per Hand durch, muss man den Teig mit dem Nudelholz sehr dünn ausrollen. Jedes Mal bevor man die Teigstreifen durch die Walzen gibt, sie mit Hartweizengrieß bestäuben, sodass sie nicht kleben. Den fertig gewalzten Teig unter ein sauberes und bemehltes Küchentuch legen.

Nun den Aufsatz für Tagliolini an der Nudelmaschine montieren und einen Teigstreifen nach dem anderen zu feinen Nudeln verarbeiten. Zum Schneiden der Tagliolini mit der Hand einfach die bemehlten Teigplatten von der kurzen Seite her aufgerollem und mit einem sehr scharfen Messer auf einem Holzbrett schneiden.

Für die Sauce die Erbsen wenn nötig enthülsen und in eine Schüssel geben. 2 EL Öl in einer tiefen Pfanne erhitzen. Den geschälten und zerdrückten Knoblauch darin bei niedriger Hitze einige Minuten leicht braten, aber nicht braun werden lassen. Die frischen Erbsen hinzugeben, leicht salzen und bei niedriger Temperatur etwa 15 Minuten dünsten. Falls nötig 1 EL Wasser zugeben, sodass sie nicht anhaften.

Wenn die Erbsen gar sind, den Herd ausschalten und die frischen Thymianblätter darüberstreuen. Den Schinken in feine Streifen schneiden und zu den Erbsen geben. Mit Salz und Pfeffer abschmecken und alles gut mischen. Den Pfannendeckel auflegen und die Sauce ruhen lassen, während die Nudeln kochen.

Wasser in einem großen Topf zum Kochen bringen und salzen. Die Tagliolini hineingeben und für etwas mehr als 1 Minute kochen lassen, bis sie bissfest sind. Abgießen und über die Erbsen geben. Das restliche Öl hinzufügen. Nudeln und Sauce gut vermischen, auf Teller verteilen und mit etwas Parmesan bestreuen.

TAGLIATELLE AL RAGÙ DI CINGHIALE

TAGLIATELLE MIT WILDSCHWEINRAGOUT

Wildschweinragout ist typisch für die Maremma. In dieser Gegend leben viele Wildschweine in freier Wildbahn, aber auch in Züchtungen. Richtig zubereitet verwandelt diese reichhaltige Sauce die Pasta in eine köstliche und sättigende Mahlzeit, die auch für sich allein stehen kann. In der Toskana wird so etwas natürlich nicht allein serviert, sondern man kann davon ausgehen, dass im zweiten Gang noch Fleisch sowie eine Vielfalt an Gemüse als Beilage auf einen warten, dazu guter italienischer Rotwein. Dieses Wildschweinragout ist definitiv kein leichtes Gericht, aber es schmeckt wie eine Reise ins Paradies.

FÜR 4 PERSONEN

Für die Marinade

400–500 g mageres Fleisch vom Wildschwein
1 l Rotwein
1 Lorbeerblatt
5 schwarze Pfefferkörner
2 Nelken
1 kleine weiße Zwiebel

Für die Eiernudeln

300 g Hartweizengrieß
+ 70 g zusätzlich zum Verarbeiten
1 TL Salz
3 frische Eier, vorzugsweise biologisch
50 g Parmesan Reggiano (zum Servieren)

Für die Sauce

1 kleine weiße Zwiebel
1 Karotte
1 Stange Staudenellerie
50 ml Olivenöl extra vergine
Salz und frisch gemahlener schwarzer Pfeffer
1 getrocknete Chilischote
1 Glas Rotwein (ca. 250 ml)
500 ml Fleischbrühe
2 EL doppelt konzentriertes Tomatenmark
800 ml Tomatenpassata
1 Glas Milch (ca. 250 ml)

Bei uns ist dies ein klassisches Feiertagsrezept – was daran liegt, dass die Zubereitung eine Weile dauert und viel Vorbereitung erfordert. Wildschwein ist außerhalb der Toskana nicht unbedingt leicht zu bekommen. Manche nehmen sich deswegen eingeschweißtes Fleisch mit, aber man kann das Wildschwein durch mit ein gutes Stück mageres Rindfleisch ersetzen. Das Ergebnis ist in diesem Fall zwar nicht ganz authentisch, kommt dem aber erstaunlich nahe und schmeckt ebenfalls ganz ausgezeichnet.

Zuerst das Fleisch marinieren, damit es zart wird. Vor allem wenn man frei lebendes Wildschwein verwendet, sollte man es in jedem Fall 24 Stunden einlegen. Das Fleisch in zwei oder drei Stücke schneiden und in einen hohen, engen Stahltopf mit ausreichend Platz legen. Den Rotwein, das Lorbeerblatt, die Pfefferkörner und die mit den Nelken gespickte Zwiebel dazugeben. Mit Frischhaltefolie abdecken und im Kühlschrank 24 Stunden ziehen lassen.

Nach dem Marinieren das Fleisch herausnehmen, gut mit Küchenpapier trocken tupfen und durch den Fleischwolf drehen (oder mit dem Messer ganz fein schneiden).

Für die Sauce die Zwiebel, die Karotte und den Sellerie in feine Würfel schneiden. Diese drei Gemüsesorten werden in Italien als Basis vieler Saucen verwendet und werden als „la dote", Mitgift, bezeichnet. In der Toskana nennt man sie auch „gli odori", die Gewürze. Für diese Basis Öl in einer großen Pfanne erhitzen und die Gemüsewürfel hineingeben. Etwa 5 Minuten bei niedriger Temperatur dünsten, bis es leicht gebräunt ist. Das Hackfleisch dazugeben und gut vermischen. Salzen und pfeffern. Wenn das Fleisch nach etwa 3–4 Minuten gebräunt ist, die Temperatur leicht erhöhen, die getrocknete rote Chili hineingeben und den Rotwein angießen. Umrühren und den Wein verdampfen lassen.

Wenn der Rotwein völlig verkocht ist, die Brühe zu dem Fleisch gießen und das Tomatenmark sowie die Passata einrühren. Leicht salzen, die Temperatur erhöhen und die Sauce mit geschlossenem Deckel aufkochen lassen.

Das Ragout muss insgesamt etwa 90 Minuten schmoren. Nach 1 Stunde die Milch zugeben und gut umrühren, um die Aromen zu verbinden. Hin und wieder umrühren, damit das Ragout nicht am Topfboden ansetzt. Mit etwas Salz und Pfeffer abschmecken. Es ist eine intensive Sauce und sie sollte einen kräftigen Geschmack haben, darf aber nicht salzig sein. Nach Ende der Kochzeit bei ausgeschaltetem Herd zugedeckt in der Pfanne warm halten.

Für die Tagliatelle Hartweizengrieß und Salz in die Schüssel der Küchenmaschine geben, die Eier zufügen und mit den Knethaken etwa 3 Minuten kneten. Falls der Teig etwas zu trocken sein sollte, 1 EL Wasser zugeben. Er sollte eine glatte und homogene Kugel ergeben. Mit Mehl bestäuben und unter einem Küchentuch 15 Minuten ruhen lassen.

Den Auswellaufsatz montieren. Den Teig in 4–6 Stücke teilen, diese mit etwas Grieß bestäuben und bei weitester Einstellung durch die Walzen geben. Für diese Art Sauce eignen sich kräftige Tagliatelle, die sie gut aufnehmen können, am besten. Die Teigplatten auf ein sauberes und bemehltes Küchentuch legen und vor jedem Durchgang mit Hartweizengrieß bestäuben, sodass sie nicht an den Walzen kleben. Dann den Aufsatz für Tagliatelle montieren und die Teigplatten nacheinander hindurchgeben.

In einem großen Topf reichlich Wasser zum Kochen bringen und salzen. Die Pasta für 2 Minuten hineingeben, dann abgießen und ein wenig Kochwasser zurückbehalten. Die Nudeln mit dem Ragout in der Pfanne mischen und mit einer Holzgabel umrühren, bis alle mit Sauce bedeckt sind. Etwas geriebenen Parmesan darübergeben und die Hälfte davon separat auf dem Tisch anrichten. 1 EL Nudelwasser zu der Pasta geben, falls sie zu trocken ist. Auf Teller verteilen und sofort servieren.

LASAGNE DI MIA MAMMA

MAMAS LASAGNE

Ich glaube, für Lasagne gibt es kein einzig wahres Originalrezept, von der „alla bolognese" einmal abgesehen. Tatsächlich hat jede italienische Familie ihr eigenes entwickelt, hier etwas hinzugefügt und dort etwas weggelassen. Bei uns war die Erfinderin des „authentischen" Rezepts meine Mutter, die jenes meiner Oma verbesserte und damit das Herz ihrer Neffen eroberte. Ich habe es nie so gut hinbekommen wie sie, auch wenn ich mich sklavisch an das Rezept gehalten habe, doch hier ist es – von mir zubereitet, von Stefano Scatà fotografiert und von meinen Söhnen verspeist, mit dem einstimmigen Urteil: „Bei Oma schmeckt sie besser."

FÜR 4–8 PERSONEN

½ Karotte
½ Zwiebel
1 Stange Staudensellerie
30 ml Olivenöl extra vergine
500 g Hackfleisch vom Jungochsen
100 g Salsiccia
Meersalz und frisch gemahlener Pfeffer
100 ml trockener Weißwein
70 g doppelt konzentriertes Tomatenmark
500 ml Fleischbrühe
400 g frische Nudelblätter
100 g geriebener Parmesan Reggiano
frisches Basilikum (optional)

Für die Béchamelsauce
50 g Butter
50 g Mehl
Salz, frisch gemahlener weißer Pfeffer
500 ml Milch
1 Prise Muskatnuss

Heutzutage findet man im Handel sowohl frische als auch getrocknete Lasagneplatten von guter Qualität. Sie müssen auch nicht mehr, wie noch vor einigen Jahren, zuerst in Wasser gelegt werden und sind somit sehr praktisch. Wenn man auch die Pasta selbst machen möchte, kann man sich an das Rezept für Eiernudelteig halten, wie es auf Seite 117 für die Tagliatelle mit Wildschweinragout beschrieben ist, und die Teigplatten eben nur nicht zu Tagliatelle schneiden, sondern einfach nur gleichmäßig zuschneiden, sodass sie alle in etwa die Größe der Backform haben. Das Ragout kann man für Lasagne verwenden, aber auch als Sauce für einfache Tagliatelle aus Eierteig oder für kurze Nudeln, es macht also Sinn, gleich eine doppelte Portion davon zuzubereiten und sie für eine spätere Gelegenheit aufzubewahren.

Für das Ragout die Karotte und die Zwiebel schälen und in ganz feine Würfel schneiden. Auch den Staudensellerie fein würfeln. Das Öl in einer tiefen Pfanne erhitzen, optimal wäre eine beschichtete oder emaillierte. Karotte, Zwiebel und Sellerie hineingeben und mit einem Holzlöffel umrühren. Dann einen Deckel auflegen und bei geringer Hitze etwa 5 Minuten garen. Das Gemüse sollte etwas braten, aber nicht braun werden.

Das Hackfleisch und das Innere der Salsiccia dazugeben und mit einem Holzlöffel gut vermengen, dann salzen und pfeffern. Etwa 5 Minuten bei mittlerer Hitze offen anbraten, bis das Fleisch gut gebräunt ist. Dann den Weißwein angießen, die Temperatur erhöhen und unter ständigem Rühren den Wein verdampfen lassen.

Wenn der Wein vollständig eingekocht ist, das Tomatenmark dazugeben und untermischen. Dann die Brühe angießen und das Ragout bei niedriger Hitze mit geschlossenem Deckel für etwa 2 Stunden schmoren lassen, dabei etwa alle 20–30 Minuten umrühren. Falls die Sauce zu trocken wird, mit ein wenig Wasser verdünnen, damit sie nicht anbrennt. Nach der Garzeit zugedeckt warm halten, sodass sie nicht austrocknet.

Für die Béchamelsauce die Butter in einen kleinen Topf geben und bei schwacher Hitze schmelzen lassen. Wenn sie flüssig ist (aufpassen, dass sie nicht bräunt) das Mehl auf einmal zugeben und mit einem kleinen Schneebesen einrühren. Der Herd sollte noch immer auf schwacher Hitze stehen. Diese Basis – die Franzosen nennen sie „roux" – einige Minuten rösten lassen, damit die Sauce keinen Mehlgeschmack bekommt. Dann leicht salzen sowie pfeffern und nach und nach die Milch zugießen. Dabei gut umrühren. Weitere 10 Minuten bei schwacher Hitze köcheln lassen und häufig umrühren, bis die Béchamelsauce eine seidige Konsistenz hat und weder zu flüssig noch zu fest ist – sie soll die Konsistenz einer flüssigen Creme haben. Vom Herd nehmen, etwas Muskat über die Sauce reiben und gut unterrühren. Während des Abkühlens weiterhin öfter umrühren, damit sich keine Haut bildet.

Den Ofen auf 180 °C vorheizen und die Lasagne zusammensetzen. Dafür eine rechteckige Form von etwa 30 cm Länge und 25 cm Breite nehmen. Auf den Boden der Form etwa ein Drittel des Ragouts geben. Mit einer Lage Lasagneplatten bedecken, die sich nicht überschneiden sollten. Darüber die Hälfte der Béchamelsauce verteilen, dann ein weiteres Drittel des Ragouts. Es folgt eine Schicht Teigblätter sowie die zweite Hälfte der Béchamelsauce. Mit dem letzten Drittel Ragout und einer Schicht Lasagneblätter abschließen und diese mit Parmesan bestreuen. Die beiden letzten Schichten sollten sehr gleichmäßig sein, damit die Lasagne nicht nur lecker schmeckt, sondern auch gut aussieht.

Im Ofen 30 Minuten backen, bis die Oberfläche leicht angebräunt ist. Die Lasagne herausnehmen und vor dem Servieren etwa 15 Minuten abkühlen lassen. Nach Belieben mit frischen Basilikumblättern dekorieren.

TORTELLI AI PORCINI

TORTELLI MIT STEINPILZEN

Diese frischen Tortelli mit Steinpilzen gehören zu dem Besten, was man im Herbst essen kann. Der Teig muss hauchdünn und die Füllung würzig sein. Jeder einzelne Bissen versetzt einen in einen Wald voller Pilze, die im Herzen der mediterranen Macchia aus dem Boden sprießen. Beim Kauf der Steinpilze darauf achten, dass sie fest sind, einen dunklen Hut und einen hellen Stiel haben und keinerlei weiche Flecken oder Druckstellen aufweisen.

FÜR 4 PERSONEN

200 g Hartweizengrieß
2 Eier
Salz

Für die Füllung
4 EL Olivenöl extra vergine
1 kleine Schalotte, gehackt
300 g Steinpilze
Salz, frisch gemahlener schwarzer Pfeffer
3–4 Stängel frische Petersilie
250 g Ricotta
50 g frisch geriebener Parmesan Reggiano

Für die helle Sauce
150 g Mascarpone
Salz, frisch gemahlener schwarzer Pfeffer
frisch geriebene Muskatnuss

Für den Eiernudelteig den Grieß mit den Eiern und 1 TL Salz in die Küchenmaschine geben und 5 Minuten kneten lassen. Falls nötig1 EL Wasser zugeben. Den Teig zu einer glatten Kugel formen und etwa 15 Minuten ruhen lassen.

In der Zwischenzeit die Füllung zubereiten. Dazu das Olivenöl in einer Pfanne erhitzen und die gehackte Schalotte darin 3 Minuten andünsten. Dann die gewaschenen und in Scheiben geschnittenen Pilze zugeben. Umrühren, den Deckel auflegen und 15 Minuten köcheln lassen, danach salzen und pfeffern. Mit dem Pürierstab die Pilze zusammen mit der Petersilie mixen, dann mit dem Ricotta und dem Parmesan vermischen und in den Kühlschrank stellen.

Den Pastateig sehr dünn ausrollen und aus jeder Teigplatte Quadrate von 5 x 5 cm schneiden. In die Mitte jedes Quadrats ein Häufchen der Füllung setzen, zu einem Dreieck zusammenfalten die Seiten jeweils andrücken und die Ecken aufeinanderdrücken. Die fertigen Tortelli auf ein leicht bemehltes Tuch legen und eventuell kühlen.

Wasser in einem großen Topf zum Kochen bringen und salzen. Die Tortelli darin für 4–5 Minuten kochen und mit einer Schaumkelle herausnehmen, damit sie nicht auseinanderfallen. Während sie kochen, den Mascarpone in einem kleinen Topf schmelzen lassen. Mit Salz und Pfeffer würzen und mit 2 EL Nudelwasser verrühren. Die Tortelli in der hellen Sauce schwenken und mit Muskatnuss bestreut servieren.

RISOTTO AI PORCINI

RISOTTO MIT STEINPILZEN

Getrocknete Steinpilze waren bei uns zu Hause immer eine ernste Angelegenheit. Mein Opa ist ein Pilzexperte und er kennt nicht nur jegliche Namen auf Latein, jede Besonderheit bei Farbe, Geruch und Form, sondern er macht aus seiner Leidenschaft einen Zeitvertreib und produziert enorme Mengen getrockneter Pilze. Die Rohware dafür war und ist noch immer die Ausbeute seiner langen Spaziergänge durch die Wälder bei Tagesanbruch. Die prallen und aromatischen Hüte auf hellen und festen Stielen lagen dann in Scheiben geschnitten auf gelbem Papier und besetzten sämtliche Heizkörper oder Regalbretter des Hauses.

FÜR 4 PERSONEN

25 g getrocknete Steinpilze
1 Schalotte
2 frische Steinpilze (ca. 200 g)
3 EL Olivenöl extra vergine
320 g Carnaroli-Reis
120 ml trockener Weißwein
500 ml Gemüsebrühe
3 EL frisch geriebener Parmesan Reggiano
4 Stängel frische Petersilie
Salz, frisch gemahlener schwarzer Pfeffer

Die getrockneten Steinpilze in einen Suppenteller legen, mit heißem Wasser bedecken und 10 Minuten einweichen lassen. Inzwischen die Schalotte schälen, in Würfel schneiden. Die frischen Steinpilze ebenfalls putzen und in dünne Scheiben schneiden.

Das Olivenöl mit 1 EL Wasser in einem großen Topf erhitzen. Die Schalotte darin bei niedriger Hitze 3–4 Minuten dünsten, hin und wieder umrühren. Die Hitze erhöhen, den Reis auf einmal dazugeben und alles gut mit einem Holzlöffel verrühren. Ohne Deckel etwa 2 Minuten rösten lassen, dann den Weißwein angießen. Kurz umrühren und den Wein verdampfen lassen. Danach die getrockneten Steinpilze gut ausdrücken und zusammen mit einer Schöpfkelle heißer Gemüsebrühe dazugeben.

Den Reis 3 Minuten kochen lassen, dann die frischen Steinpilze hineingeben, gut umrühren und eine weitere Kelle Brühe zugießen. Ab diesem Punkt muss das Risotto nur hin und wieder umgerührt werden. Weiterhin immer wieder eine Kelle Brühe zugeben und umrühren, damit sie aufgenommen wird. Insgesamt müsste das etwa 10–12 Minuten dauern. Wenn der Reis fertig ist, sollte er bissfest sein und nicht zu weich. Damit ein cremiges Risotto entsteht, muss man am Ende aufpassen, nicht mehr zu viel Brühe anzugießen.

Den Herd ausschalten. Das Risotto mit dem geriebenen Parmesan und der gehackten Petersilie vermischen, mit Salz abschmecken und etwas schwarzen Pfeffer darübermahlen. Gut umrühren, auf Tellern anrichten und servieren.

FARRO PICCANTE CON VERDURE

HERZHAFTER EMMER MIT GEMÜSE

Emmer ist ein typisches Produkt der Garfagnana. Er wird schon seit Jahrhunderten angebaut und war bereits im antiken Rom gebräuchlich. Als Vollkorn ist er ein guter Ballaststoff- und Vitaminlieferant, der geschälte Perl-Emmer ist jedoch schneller gar. Normalerweise sind die Kochzeiten auf den Packungen angegeben. Sie können von 20 bis zu 40 Minuten variieren. Zusammen mit einfachem Gemüse und etwas scharfem Chili wird aus der Weizenart ein einfaches und sättigendes Gericht, das perfekt ist für ein spontanes Frühlingsessen im Freien.

FÜR 3–4 PERSONEN

Salz
200–250 g Perl-Emmer
2 Karotten
2 Zucchini
5 EL Olivenöl extra vergine
1 Knoblauchzehe
½ TL Chilipulver

Wasser in einem Topf zum Kochen bringen und salzen. Den Emmer hineingeben und nach Packungsanweisung kochen. Er sollte noch etwas bissfest sein. Nach dem Kochen in ein Sieb abgießen, dabei eine halbe Tasse Kochwasser auffangen.

Die Karotten schälen und in Würfel schneiden und die Zucchini waschen und ebenfalls würfeln. 2 EL Öl mit dem geschälten und leicht zerdrückten Knoblauch in einer Pfanne erhitzen. Nur wenige Minuten dünsten lassen, dann die Karottenwürfel hineingeben und kurz verrühren. Salzen, den Deckel auflegen und bei schwacher Hitze 2 Minuten garen. Die Zucchini hinzufügen, unterrühren und noch einmal 2 Minuten abdecken. Schließlich den Emmer dazugeben, mit Chilipulver würzen und 1–2 EL Kochwasser unterrühren. Weitere 3–4 Minuten bei schwacher Hitze kochen lassen, dann vom Herd nehmen, mit dem restliche Öl beträufeln und zwei Minuten bei geschlossenem Deckel ruhen lassen. Man kann das Gericht heiß oder lauwarm servieren, aber es schmeckt auch bei Zimmertemperatur.

RISOTTO AL VINO ROSSO

ROTWEINRISOTTO

Dieses Rezept gibt dem letzten Rest Rotwein in der Flasche eine würdige Verwendung. Statt einen mittelmäßigen Wein zum Kochen zu kaufen, sollte man besser übrig gebliebenen Tischwein benutzen. Meine liebsten Weine sind der Barolo di Montalcino und der Morellino di Scansano, man kann aber auch einen anderen kräftigen Rotwein verwenden.

FÜR 4 PERSONEN

1 Schalotte
3 EL Olivenöl extra vergine
320 g Carnaroli-Reis
150 ml kräftiger Rotwein
500 ml heiße Gemüsebrühe
Salz
3 EL frisch geriebener Parmesan Reggiano
frisch gemahlener schwarzer Pfeffer

Die Schalotte in feine Streifen schneiden. Das Olivenöl mit 1 EL Wasser in einem großen Topf erhitzen. Die Schalotte bei schwacher Hitze 3–4 Minuten darin dünsten, bis sie glasig ist.

Die Temperatur erhöhen und den Reis zugeben. Mit einem Holzlöffel gut umrühren, damit die Körner das Öl aufnehmen – ab jetzt benötigt der Reis insgesamt ziemlich genau 18 Minuten Garzeit, falls nötig, kann man sich einen Wecker stellen.

Den Reis noch etwa 2 Minuten offen dünsten, dann den Rotwein angießen. Kurz umrühren und den Wein verkochen lassen, dabei gibt er seine rote Farbe und sein Aroma an den Reis ab. Wenn dieser trocken wird (aber noch nicht am Topfboden ansetzt), eine Kelle Gemüsebrühe dazugießen. Umrühren, die Hitze verringern und den Risotto köcheln lassen. Immer wieder eine Kelle Brühe angießen, bis der Reis gar ist.

Der fertige Risotto muss cremig sein, also muss man am Ende mit dem Angießen der Brühe vorsichtig sein. Es kann auch sein, dass nicht die gesamte Brühe gebraucht wird oder man noch zusätzlich etwas heißes Wasser benötigt.

Den Herd ausschalten und den Reis abschmecken. War die Brühe ausreichend gewürzt, braucht man kein zusätzliches Salz, ansonsten noch etwas nachwürzen. Den frisch geriebenen Parmesan unterheben, den Risotto pfeffern und heiß in einer Schüssel anrichten.

GNOCCHI DI PATATE AL BASILICO

KARTOFFELGNOCCHI MIT BASILIKUM

FÜR 4 PERSONEN

Für die Gnocchi
500 g alte, mehlige Kartoffeln
Salz
20–30 frische Basilikumblätter
100–150 g Weißmehl Typ 405
1 Ei

Für die Sauce
1 Knoblauchzehe
300 g reife Datteltomaten
3 EL Olivenöl extra vergine
2 EL Tomatenpassata
Salz und frisch gemahlener schwarzer Pfeffer
120 g frischer Mozzarella

Für die Gnocchi die Kartoffeln schälen und in Stücke schneiden. Mit etwas Salz in einen Topf geben und mit kaltem Wasser bedecken. Zum Kochen bringen und etwa 15 Minuten kochen, bis die Kartoffeln weich sind. Abgießen, etwas abkühlen lassen und die Kartoffeln zweimal durch die Kartoffelpresse drücken, sodass sie eine seidige Konsistenz bekommen.

Während die gepressten Kartoffeln abkühlen, die Basilikumblätter waschen und in feine Streifen schneiden. Erst einmal zur Seite stellen, denn sie kommen zuletzt dazu – durch die Hitze der Kartoffeln werden sie sonst braun.

Die Hälfte des Mehls zu den Kartoffeln geben und mit einem Holzlöffel verrühren. Das Ei hinzugeben und gut unterrühren, dann den Teig auf eine kalte Arbeitsfläche geben und das Basilikum sowie weiteres Mehl unterkneten, bis der Teig sich gut verarbeiten lässt.

Den Teig in 5–6 Stücke teilen und diese leicht bemehlen. Dann aus jedem Stück eine lange Wurst von ca. 2,5 cm Dicke rollen. Mit einem Messer mit runder Klinge die Gnocchi schneiden und sie auf ein bemehltes Tuch legen. Den gesamten Teig so verarbeiten.

Für die Sauce den Knoblauch schälen und hacken. Die Tomaten waschen und je nach Größe vierteln oder halbieren. Eine große Pfanne mit 2 EL Olivenöl auf mittlerer Stufe erhitzen. Den Knoblauch dazugeben und ganz leicht braun werden lassen. Nun die Tomaten hinzufügen, den Deckel auflegen und 5 Minuten köcheln lassen. Die Tomatenpassata unterrühren, leicht salzen und pfeffern und bei schwacher Hitze weitere 3 Minuten offen köcheln lassen. Schließlich den Topf vom Herd nehmen und das restliche Olivenöl dazugeben.

Die Gnocchi erst kurz vor dem Anrichten garen. Wasser in einem großen Topf zum Kochen bringen, salzen und die erste Hälfte der Gnocchi hineingeben. Vorsichtig umrühren. Wenn sie nach etwa 2 Minuten an die Oberfläche steigen, mit einer Schaumkelle herausheben und in die Pfanne zur Sauce geben. mit den restlichen Gnocchi ebenso verfahren. Am Schluss feine Mozzarellawürfel darüberstreuen und sofort in tiefen Tellern servieren. Nach Belieben mit weiteren Basilikumblättern garnieren.

TAGLIOLINI POMODORO E BASILICO

TAGLIOLINI MIT TOMATEN UND BASILIKUM

Dies ist kein einfacher Teller Nudeln, sondern ein süßes Loblied auf den Sommer. In der Toskana produziert man die Zutaten selbst: frische Eier, morgens im Hühnerhof gesammelt, kleine Tomaten, direkt vom Strauch geerntet und verarbeitet, kleine Basilikumblätter von grünen Pflanzen. Man kann nicht umhin, diese Nudeln mit gutem Olivenöl und Spänen von mittelaltem Parmesan zu würzen. Ein Glas Wein vervollständigt das Werk – ich liebe es, dieses Gericht im Freien zu essen, an einem Holztisch irgendwo im Schutz des Gartenlaubs.

FÜR 4 PERSONEN

300 g Hartweizengrieß + 70 g fürs Verarbeiten
1 TL Salz
3 frische Eier
4 EL Olivenöl extra vergine
1 Knoblauchzehe
2 Handvoll kleine reife Datteltomaten
Salz, frisch gemahlener schwarzer Pfeffer
1 Handvoll frische Basilikumblätter
50 g toskanischer Pecorino, gehobelt

Hartweizengrieß, Salz und Eier in die Schüssel der Küchenmaschine geben und 3 Minuten kneten, bis ein homogener Teig entstanden ist. Diesen in einem Küchentuch 15 Minuten ruhen lassen. Den Teig in 4–6 Stücke teilen, jedes bemehlen und durch die Walzen der Nudelmaschine geben. Die so entstandenen kompakten Teigplatten auf ein sauberes und bemehltes Tuch legen und nacheinander ein weiteres Mal durch die Maschine geben, sodass der Teig dünner wird. Dann den Aufsatz für Tagliolini montieren und die Teigplatten zu Nudeln schneiden. Die fertigen Tagliolini auf das bemehlte Tuch legen.

4 EL Olivenöl mit dem geschälten Knoblauch in eine tiefe Pfanne geben und auf niedriger Stufe erhitzen. Dann den Knoblauch entfernen und den Herd ausschalten. Die Tomaten vierteln und ins heiße Öl geben, durchschwenken und salzen und pfeffern.

Die Tagliolini in ausreichend kochendem Salzwasser 2 Minuten garen, abgießen und in die Pfanne zu den Tomaten geben. Bei Bedarf noch etwas Öl zugeben. Die Nudeln wenden, die Basilikumblätter und den Pecorino darüberstreuen und sofort servieren.

RAVIOLI DI BORRAGINE ALLA SALVIA

BORRETSCH-RAVIOLI MIT SALBEI

In der Toskana wächst Borretsch im Frühjahr im Überfluss. Seine Blätter sind von einem feinen Flaum überzogen und seine blauen Blüten lassen einen nicht sofort an ein Küchenkraut denken. Dabei hat die bäuerliche Tradition viele verschiedene Rezepte entwickelt. Blanchiert und gehackt ergibt Borretsch eine wunderbare Füllung für Ravioli und Omelett. Falls er nicht erhältlich ist, kann man ihn durch einfachen Spinat ersetzen, der Geschmack hat dann aber keine so frische und wilde Note, wie es typisch für dieses Kraut ist.

FÜR 4 PERSONEN

200 g Hartweizengrieß
2 Eier
feines Meersalz
500 g Borretsch
200 g Schafsricotta
70 g Parmesan Reggiano

Für die Sauce
100 ml Olivenöl extra vergine
1 Bund Salbeiblätter
Salz und frisch gemahlener schwarzer Pfeffer
20 g Parmesan Reggiano (oder Pecorino)

Den Grieß, Eier und 1 TL Salz in die Küchenmaschine geben und 3 Minuten kneten, bis ein homogener Teig entstanden ist. Diesen in einem Küchentuch 15 Minuten ruhen lassen.

In der Zwischenzeit die Füllung zubereiten. Wasser in einem Topf zum Kochen bringen, salzen und den Borretsch für 2 Minuten hineingeben, dann abgießen, ausdrücken und mit einem scharfen Messer hacken. Abkühlen lassen und mit dem Ricotta und dem Parmesan vermischen. Mit etwas Salz würzen und abgedeckt in den Kühlschrank stellen.

Den Teig durch die Nudelmaschine geben, bis man ganz feine Teigplatten erhält. Die Hälfte der Platten auf der Arbeitsfläche ausbreiten. Mit einem stumpfen Messer vertikale und horizontale Linien auf den Teig zeichnen, ohne den Teig durchzuschneiden, um ihn in Quadrate aufzuteilen. In die Mitte dieser Quadrate je ein Häufchen Füllung setzten und es etwas platt drücken. Die Platten mit den anderen Teigblättern bedecken und um die Füllungen herum die beiden Teigschichten mit den Fingerkuppen gut festdrücken. Die Ravioli mit einem runden Ausstecher schneiden oder das klassische Teigrädchen verwenden. Auf eine bemehlte Arbeitsplatte bereitlegen, ohne dass sie sich überlagern.

Die fertige Pasta in ausreichend gesalzenem Wasser 3 Minuten kochen und vorsichtig mit einer Schaumkelle herausholen, um sie nicht zu zerstören. Das Öl mit dem Salbei in einer Pfanne erhitzen und mit Salz und Pfeffer abschmecken. Die abgetropften Ravioli hineingeben und schwenken, um beides zu vermischen. Mit etwas geriebenem Parmesan bestreut servieren.

Der Himmel über Borgo Santo Pietro

umarmt das alte Haus, die Gemüsebeete und den Garten. Er schafft eine einzigartige Kulisse jenseits der Zeit. Das einzige Geräusch ist der weit entfernte Atem des Tages …

KAPITEL 4

Heiße Suppen für graue Regentage

DER DUFT VON FEUCHTER ERDE

und einem Teller heißer Suppe

Ich liebe Regen. Nein, nicht den schmutzigen Stadtregen, der den Verkehr noch verrückter macht, sondern diesen dichten, transparenten, der die ländliche Erde langsam durchtränkt und ganz unvermittelt die Gerüche der Natur freisetzt. Ich liebe ihn in jeder Jahreszeit, doch besonders zwischen Oktober und November, wenn er den Tagen eine süße Trägheit verleiht und mir den perfekten Anlass gibt, um eine Suppe auf den Herd zu stellen, die dann langsam vor sich hin köchelt. Ich sehe gerne zu, wie der Regen vor dem Fenster im immer gleichen Rhythmus fällt, und ich öffne die Fenster einen Spalt weit, um den frischen Geruch hereinzulassen. Auf dem Land dämpft der Regen jede Hast und gibt einem Zeit, um es sich zu Hause gemütlich zu machen: Im Kamin brennt Holz aus dem Vorrat unter dem Portikus, der Tisch wird mit Ruhe und Sorgfalt gedeckt, die Wollmützen hängen an Nägeln neben dem Eingang und bilden eine kleine Ausstellung – wie jedes Jahr, wenn es kalt wird. Ich weiß, meine Schilderung ist furchtbar nostalgisch, und das ist nicht unbedingt eine Tugend, doch so spielt es sich ab, warum sollte ich es also nicht genau so schildern? Der Regendunst, der sich in Tröpfchen an den beschlagenen Scheiben sammelt und sich mit heißem Dampf aus dem Kochtopf paart, das ist für mich Poesie. Mir gefällt die Vorstellung, im Haus zu warten, bis es aufhört zu regnen, und dann in Stiefeln im Mantel nach draußen zu gehen, um Inspiration für das Abendessen zu finden. Eine Liste notwendiger Zutaten brauche ich nicht zu erstellen – sondern ich koche mit dem, was ich finde. Dafür lasse ich mich vom Duft der Früchte und des Gemüses verführen, die neben diversen Käsesorten auf den Marktständen liegen, hole tagesfrische Eier beim Hühnerhof und mache einen Spaziergang zu den Dorfläden, wo mir die Ideen für ein komplettes Menü aus wenigen Zutaten fast von selbst kommen.

SUPPE VOR DEM KAMIN

Ich kam an einem nasskalten Morgen in der Villa Piaggia an. Hinter Vinci zeigt sich jedem Besucher ein unglaubliches Panorama, und dies ist erst die Einstimmung auf viele weitere Eindrücke, die einen staunen lassen. Wenn man durch die herbstliche Landschaft fährt, bemerkt man den leichten Nebel kaum, der das Heimatdorf Leonardos frühmorgens umschwebt. Der Duft der feuchten Erde und die Farben des Himmels sind so eindrücklich, dass der Nebel fast unsichtbar wird, und sobald man den ersten Hauch von Küchenduft wahrnimmt, der sich mit dem Geruch des Feuers im brennenden Kamin paart, ist man wie berauscht. Ich bin so unheilbar romantisch, dass ich selbst an wirklich grauen Tagen etwas Schönes finde. Doch wenn ich das Glück habe, einige Tage in einem Haus mit alter Küche, großem Kamin und mehreren Jahrhunderten Geschichte verbringen zu dürfen, dann lasse ich mich gehen und verliere mich in romantischen Abenteuern antiker Romanzen, die meiner Fantasie an solchen Orten unweigerlich entspringen. Am besten lässt es sich träumen, wenn man von schönen Dingen dazu angeregt wird, mit denen man dann auch gut den Tisch dekorieren kann. Das müssen keine teuren Gegenstände sein, aber besondere. Farbe und Material sind ausschlaggebend: Ich mag es, wenn sie auf Ort, Jahreszeit und Gelegenheit abgestimmt sind. Das ist gar nicht so schwer – wenn man es schlicht hält, ist das Ergebnis am eindrucksvollsten. Farblich dominieren im ehemaligen Jagdhaus der Guicciardini Strozzi und heutigen Landwohnsitz von Veronica und Francesco Passerin d'Entrèves vor allem Holz und Stein. Diese Materialien lassen wenig Raum für anderes. Unter dem großen Portikus, wo im Sommer draußen zu Abend gegessen wird, lagern im Herbst Holz, geflochtene Körbe und Geschirr, welches bei schönem Wetter für Feste benutzt wird. Sieht man es dort so still stehen, meint man fast, das Gelächter und leise Plaudern der Gäste zu hören – die alle zum Essen rund um den Tisch versammelt sind. Eine weiße Tafel mit einem Hauch von intensivem Grün in den Trinkgläsern reicht aus, um eine harmonische und schöne Kulisse zu schaffen. Dutzende Kerzen sorgen für einen sanften Lichtschein. Im Hintergrund brennt der Kamin und

DIANELLA

auf den Tellern finden sich die Farben der Landschaft und ihrer Früchte: das intensive Ocker der gerade geschnittenen Kürbisse, das Violett der Rüben, das dunkle Grün des Schwarzkohls und das hellere des Brokkolis.
Veronicas Küche spiegelt ihren Stil wider: country und chic kombiniert. Es ist ein einzigartiger Ort, an dem man den ganzen stillen Frieden der ländlichen Toskana spürt. Beim Kochen blickt man durchs Fenster auf ein atemberaubendes Panorama. Der große alte Esstisch ruht prachtvoll unter Backsteingewölben und Balken, die Jahrhunderte voller Geschichte in sich tragen. Während ich das Gemüse zubereite, die Kichererbsen einweiche und die getrockneten Steinpilze in Wasser lege, geht unsere Gastgeberin Veronica zwischen Sideboard und Esszimmer hin und her, wählt das Geschirr aus und macht den gedeckten Tisch zu einer wunderbar schlichten Schönheit. Der aus dem Topf aufsteigende Duft sagt mir, dass es fast so weit ist, und ich schenke schon mal zwei Gläser Rotwein ein – den Chianti aus Sangiovese-Trauben. Veronika und Francesco keltern diesen Wein selbst aus den Reben ihres Anwesens.
Ich glaube, all diese Dinge machen Gemeinschaft aus: An einem verregneten Nachmittag ein Glas Wein trinken, während draußen das Geräusch des Traktors auf dem nassen Kies die Hunde anschlagen lässt. Der intensive Geruch des Schwarzkohls strömt durch die Küche und vermischt sich mit dem Rauch des Kamins. Kaum etwas kann Körper und Seele an solchen Tagen besser stärken als eine heiße Suppe mit genau der richtigen Cremigkeit, serviert an einem liebevoll gedeckten Tisch, während draußen der Regen an die Scheiben trommelt, in Streifen herabrinnt und den Abend ankündigt.

TOSKANISCHE SUPPEN

Minestra, Zuppa, Mus, cremiges Püree, Nudelsuppe, Brühe, Cremesuppe und Brei: All diese Vorspeisen werden mit dem Löffel gegessen, und in der Toskana gibt es davon diverse Varianten, einige so berühmt, dass sie in der ganzen Welt bekannt und beliebt sind. Diese Gerichte sind überhaupt nicht schwer nachzukochen, auch wenn

deren Namen Anfänger etwas abschrecken können. Man muss sich einfach bewusst machen, dass die Gerichte aus der bäuerlichen Tradition stammen und nicht aus der Sterneküche. Sie sind von Natur aus leicht zuzubereiten, haben einfache Zutaten und oft lange Kochzeiten, denn sie wurden entwickelt, als Zeit für Frauen noch einen anderen Wert hatte. Der erste Gedanke meiner Oma morgens nach dem Aufstehen galt der Küche. Es hat damals keinen großen Unterschied gemacht, wann mit der Zubereitung der Suppe fürs Abendessen begonnen wurde, denn während man im Haus beschäftigt war, köchelte sie einfach auf dem Herd vor sich hin, kühlte dann etwas ab und wurde später durch die Flotte Lotte gedreht. Der Fortschritt brachte auch in Omas Küche einen Mixer, doch die klassische Suppe wurde weiterhin von Hand passiert, mit steten Umdrehungen der Kurbel. Viele meiner Lieblingssuppen kann ich mittlerweile auch mit dem Dampfkochtopf zubereiten, was die Kochdauer verkürzt und etwas mehr von den kostbaren Vitaminen im Gemüse und von den pflanzlichen Eiweißen in den Hülsenfrüchten erhält. Auch wenn viele den Stabmixer verwenden, um Suppen glatt und seidig zu bekommen, gebe ich sie lieber in den Mixer. So ist es einfacher, die Flüssigkeit zu dosieren, und man kann gegebenenfalls heißes Wasser hinzufügen. Hierbei aber immer vorsichtig sein: Eine zu flüssige Suppe muss auf dem Herd wieder angedickt werden, was eine unnötige Verzögerung darstellt.

Kommt Brot in die Suppe, sollte es nach toskanischer Tradition salzlos und wirklich hart sein. Früher wurde bei uns zu Hause nur einmal wöchentlich Brot gebacken. Das führte dazu, dass die Laibe unweigerlich härter wurden, je näher der siebte Wochentag heranrückte. Die findigen Köchinnen des Hauses hatten jedoch eine Methode gefunden, um die ungeliebten harten Brotscheiben bestmöglich zu verwenden: im Winter in der Ribollita, im Sommer in der Tomatensuppe mit Brot.

Die toskanische Suppe hat einige charakteristische und erwähnenswerte Zutaten: Schwarzkohl, weiße Bohnen und hartes Brot sind die drei wichtigsten. Knoblauch, Zwiebel, Rüben, Bohnen, Kichererbsen, Steinpilze und reife Sommertomaten sind ebenso unerlässlich, wenn man toskanische Rezepte kochen will. Der Schwarzkohl ist eine Variante des Kohls mit langen, warzigen Blättern. Er ist an den Marktständen erhältlich, sobald man das erste Mal eine Wollstrickjacke braucht. Durch die eindeutige Form und den kräftigen Geruch ist er unverkennbar. Trotz seines rauen Äußeren wird Schwarzkohl beim Kochen recht zart und beim Anbraten in der Pfanne herrlich knusprig. Man kann ihn dann beispielsweise zusammen mit einer Handvoll gerösteter Pinienkerne über eine leichte Suppe streuen.

Bei uns ist die Suppe ein einfaches, aber hochgeschätztes Gericht. Man serviert sie nur abends, stellt sie in einer großen Suppenschüssel mit einer schönen silbernen oder metallenen Suppenkelle in die Tischmitte, und jeder bedient sich selbst. Man kann sie aber auch direkt in Tellern servieren. Die Tischsitten verlangen, dass man die Minestra nicht zwei Mal anbietet, nur von den reichhaltigeren Gängen wie Fleisch oder Fisch sowie den Beilagen nimmt man noch einen Nachschlag. Wenn die Suppe in der Schüssel aufgetischt wird, stellt man sie links neben die älteste Frau oder den Ehrengast. Die Dame bedient sich zuerst und reicht die Suppenschüssel dann ihrem rechten Tischnachbarn weiter, bis sie einmal um den Tisch gewandert ist und jeder sich, stets von links, aufgetan hat. Auf diese Weise vermeidet man unnötiges Hin und Her, um zuerst die Damen und dann die Herren zu versorgen. Richtet man die Gerichte hingegen vorher an, reicht man jedem Gast seinen Teller von rechts.

Suppe, Gemüsesuppe und jede Art passiertes Gemüse isst man mit dem Löffel, der zusammen mit dem Messer rechts vom Teller liegt. In Italien legen wir ihn nach oben gerichtet auf die Serviette, während die Franzosen – und adlige Familien, deren Wappen auf dem Löffelrücken eingraviert sind – ihn mit der konkaven Seite nach unten legen, um die Gravur sichtbar zu machen.

Ich finde, ein ansprechend gedeckter Tisch ohne Firlefanz, dafür ordentlich und vor allem sauber, bietet den schönsten Rahmen für ein bescheidenes, ländliches Abendessen und verleiht jedem Gericht die ihm zustehende Geltung.

CREMA DI CANNELLINI E FUNGHI PORCINI

CREMESUPPE VON WEISSEN BOHNEN UND STEINPILZEN

Man kann diese einfache Suppe auch mit frischen Pilzen zubereiten und es müssen nicht unbedingt die teuren Steinpilze sein. Viele Rezepte geben an, dass man das Waschwasser der Pilze verwenden soll. Das mache ich nie, denn es enthält Erde und oft auch anderen Schmutz.

FÜR 4 PERSONEN

150 g weiße Bohnen, getrocknet
150 g getrocknete Steinpilze
50 ml Olivenöl extra vergine
2 Knoblauchzehen
Salz, frisch gemahlener schwarzer Pfeffer
500 ml Gemüsebrühe
50 g Parmesan (nach Belieben)

Die getrockneten weißen Bohnen in eine Schüssel geben, mit kaltem Wasser bedecken und für etwa 8 Stunden oder über Nacht einweichen lassen. Die eingeweichten Bohnen in ein Sieb abgießen. Die getrockneten Pilze in einen tiefen Teller geben, mit heißem Wasser bedecken und 10 Minuten einweichen lassen, dann abgießen und die Pilze ausdrücken.

In einem großen Topf 2 EL Öl und eine geschälte, zerdrückte Knoblauchzehe erhitzen. Den Knoblauch etwa 2 Minuten dünsten lassen, damit das Öl Geschmack bekommt, dann die Bohnen dazugeben und verrühren. Mit kaltem Wasser auffüllen, zum Kochen bringen und zugedeckt für etwa 1,5 Stunden kochen. Falls nötig, zwischendurch Wasser zugeben und jedes Mal gut umrühren. Wenn man einen Dampfkochtopf nutzt, halbiert sich die Kochzeit ab dem Pfeifen des Ventils gerechnet.

In einer großen Pfanne 2 EL Öl mit der zweiten Knoblauchzehe erhitzen und diese etwa 3 Minuten dünsten. Dann die ausgedrückten und eventuell klein geschnittenen Steinpilze zugeben. Umrühren, ein wenig salzen und pfeffern und bei schwacher Hitze 10 Minuten köcheln lassen, bis die Pilze weich sind. Falls nötig, 1 EL heiße Brühe dazugeben.

Die weichen Bohnen abgießen, in einen Mixer geben und pürieren. So viel heiße Brühe zugeben, dass eine zarte Creme entsteht, die Suppe jedoch nicht zu flüssig wird. Die Hälfte der Steinpilze dazugeben und alles fein pürieren. Abschmecken und falls nötig nachsalzen. Die übrigen Steinpilze auf Teller verteilen, die Cremesuppe darübergeben und mit etwas Öl garnieren. Servieren und geriebenen Parmesan zur Suppe reichen.

MINESTRONE ALLA TOSCANA

TOSKANISCHE GEMÜSESUPPE

Die Minestrone ist ein Gericht für Kenner – sie kann göttlich schmecken oder furchtbar, das hängt vom Geschick ab, das Gemüse bissfest zu kochen, statt es im Topf aufzulösen. Für eine gute Minestrone muss man die verschiedenen Garzeiten der Gemüsesorten kennen. Es gibt zwei Möglichkeiten: das Gemüse proportional schneiden, sodass man alles auf einmal kochen kann, oder die Sorten nach und nach dazugeben. Ich ziehe die zweite Methode vor, um am Ende eine perfekt gekochte, farbenprächtige Minestrone zu haben. Um zu vermeiden, dass die Suppe zu salzig wird, nehme ich nur einen Teelöffel biologisches Gemüsebrühpulver. Stängelkohl, oder „Cime di Rapa", wie er im Italienischen heißt, ist in den Wintermonaten auch bei uns auf den Wochenmärkten erhältlich. Alternativ kann man auch Brokkoli nehmen.

FÜR 4 PERSONEN

1 kleine weiße Zwiebel
1 Karotte
2 Stangen Staudensellerie
2 Kartoffeln
10 Blätter Schwarzkohl
300 g Stängelkohl
2 Zucchini
3–4 EL Olivenöl extra vergine
1 TL biologisches Gemüsebrühpulver
Salz, frisch gemahlener schwarzer Pfeffer
30 g frisch geriebener Parmesan Reggiano

Zunächst das Gemüse vorbereiten. Die Zwiebel schälen und in feine Streifen schneiden. Die Karotte schälen und würfeln. Den Staudensellerie waschen und in Scheiben schneiden. Die Kartoffeln schälen und würfeln, Schwarzkohl und Stängelkohl waschen und in mundgerechte Streifen schneiden. Zum Schluss die Zucchini waschen und die Enden abschneiden. Die geputzten Zucchini würfeln. Die Gemüsesorten separat bereitstellen.

In einem Topf 3 EL Öl erhitzen. Zwiebel, Karotte und Sellerie hineingeben und mit einem Holzlöffel verrühren. Bei schwacher Hitze 3 Minuten kochen lassen, dann die Kartoffeln zugeben. Umrühren, ein wenig salzen und 2 Minuten kochen lassen, dann Schwarzkohl und Stängelkohl hinzufügen, falls nötig 1 EL Öl dazugeben. Wieder umrühren und mit kaltem Wasser auffüllen. Das Gemüse sollte mit 2 cm Wasser bedeckt sein. Die Temperatur erhöhen und zum Kochen bringen, dann das Gemüsebrühpulver unterrühren und die Hitze reduzieren. Die Suppe 15 Minuten leicht köcheln lassen, dann die Zucchini dazugeben und noch weitere 10 Minuten kochen und mit Salz und Pfeffer abschmecken. Die Suppe auf Teller verteilen oder in einer Schüssel auf den Tisch stellen. Den geriebenen Parmesan dazu servieren.

ZUPPA DI CASTAGNE E PANCETTA

KASTANIENSUPPE MIT SPECK

In meiner Kindheit gingen wir im Oktober immer auf Kastaniensuche. Es war toll, wie wir mit gesenktem Kopf durch die Wälder streiften und mit gestiefelten Füßen auf der Suche nach den großen, glänzend braunen Edelsteinen enorme Laubmengen bewegten. Jede gefundene Kastanie war ein Fest! Wenn wir dann unsere Beute nach Hause gebracht hatten, kam die schwierigste Aufgabe: Man musste entscheiden, auf welche der vielen Arten sie zubereitet werden sollten. Die schönsten und größten Kastanien landeten meist in der Röstpfanne über den Flammen des Kamins, die weniger schönen wurden anderweitig verwendet. Zum Beispiel für diese Suppe.

FÜR 8 PERSONEN

800 g Kastanien
150 g Speck (mit Schwarte)
1 kleine weiße Zwiebel
1 Karotte
1 Stängel Staudensellerie
2 Lorbeerblätter
2 Knoblauchzehen
Salz, frisch gemahlener schwarzer Pfeffer
Olivenöl extra vergine (optional)

Die Vorbereitung der Kastanien ist schwierig und langwierig. Man muss kein schlechtes Gewissen haben, wenn man eine Packung vorgegarte Maronen nimmt, die es eingeschweißt im Supermarkt zu kaufen gibt. Ich glaube, selbst meine Oma hätte sie zu schätzen gewusst.

Ansonsten die Schale der Kastanien mit einem scharfen Messer an der runden Seite einschneiden, in einen Topf geben, mit kaltem Wasser bedecken und auf den Herd stellen. Das Wasser zum Kochen bringen und die Kastanien etwa 20 Minuten garen. Dann abgießen und abkühlen lassen. Die Schale und die braune Haut mit einem scharfen Messer und viel Geduld abziehen. Falls die Kastanien dabei kaputtgehen, ist das nicht schlimm.

Eine Pfanne aus Eisen oder Stahl auf mittlerer Flamme erhitzen. Den Speck in Würfel schneiden und einige Minuten anbraten, bis das Fett austritt. In der Zwischenzeit die Zwiebel hacken, die Karotte schälen und fein würfeln und den Staudensellerie in Scheiben schneiden. Wenn der Speck braun wird, das Gemüse dazugeben und gut untermischen. Unter häufigem Rühren 10 Minuten braten, dann Kastanien und die Lorbeerblätter hinzufügen. Die Knoblauchzehen in der Schale zerdrücken und ebenfalls zum Gemüse geben. Mit kaltem Wasser bedecken, leicht salzen und zum Kochen bringen. Den Deckel auflegen, die Hitze reduzieren und die Suppe etwa 40 Minuten kochen lassen – die Kastanien zerfallen und dicken die Suppe so an. Falls die Suppe zu dickflüssig wird, noch etwas Wasser hinzufügen. Zum Ende der Kochzeit Knoblauch und Lorbeerblätter herausfischen, die Kastaniensuppe mit Salz und Pfeffer abschmecken und heiß servieren. Wer mag, gibt ein bisschen Olivenöl darüber.

OMBELICO DI VENERE IN BRODO

VENUSNABEL-TORTELLINI IN BRÜHE

Dieses Rezept mache ich sehr gerne, wenn ich Tortellini übrig habe. Traditionell werden hier Tortellini mit Fleischfüllung verwendet, was typisch für die Gegend von Modena ist. Je nach Vorliebe, kann man aber auch fleischlose Tortellini verwenden, zum Beispiel die mit Steinpilzfüllung von Seite 124. Die Legende besagt, dass der Namensgeber für diese Tortellini ein verliebter Dichter war und die anmutige Form der Teigwaren den Nabel der Schönheitsgöttin Venus zum Vorbild hat. Das Ergebnis ist seines Namens sicher würdig.

FÜR 4 PERSONEN

1 Rezept Pastateig,
wie auf Seite 124 zubereitet
1 l Hühnerbrühe,
wie auf Seite 214 zubereitet
6 Blätter Schwarzkohl
4 EL frisch geriebener Parmesan

Für die Füllung
150 g gemischtes Hackfleisch
50 g Salsiccia
75 g roher Schinken und Mortadella (insgesamt)
1 kleines Ei
70 g frisch geriebener Parmesan
1 EL Semmelbrösel
Salz, Muskatnuss

Den Teig wie auf Seite 124 zubereiten, die Teigblätter ganz dünn auswallen, gleich groß zuschneiden und in Quadrate von 4 cm Länge schneiden. Verfahren, wie im Rezept für Steinpilztortellini beschrieben, nur zum Füllen die Fleischfüllung verwenden. Für diese das Hackfleisch in eine Schüssel geben. Die Salsiccia ohne Haut in Stückchen zupfen, Schinken und Mortadella hacken und beides mit Ei, Parmesan, Semmelbrösel sowie etwas Salz und Muskatnuss zum Fleisch geben. Gut vermischen und bis zum Gebrauch im Kühlschrank aufbewahren, das rohe Fleisch sollte aber nach spätestens 4–6 Stunden verwendet werden.

Kleine Kugeln aus der Füllung machen und jeweils in die Mitte der Teigquadrate setzen. Den Teig zu einem Dreieck umklappen, die Schichten gut zusammendrücken und dann mit Daumen und Zeigefinger jeder Hand die äußeren Ecken des Dreiecks nehmen und sie um den Zeigefinger der linken Hand herum zusammenführen. Zum Verschließen fest zusammendrücken und weitere Tortellini formen, bis alle Zutaten verbraucht sind.

Die Brühe erhitzen, den Kohl währenddessen in Streifen schneiden und 10 Minuten in der Brühe kochen lassen, dann die Tortellini hineingeben und weitere 5–6 Minuten kochen. Die Suppe mit einer Kelle auf Teller verteilen und sofort servieren. Parmesan dazu reichen.

MINESTRA DI ORZO E PORRI

SUPPE MIT GERSTE UND LAUCH

Lauch und Kartoffeln sind in vielen Küchen ein beliebtes Paar – in der toskanischen trifft man es jedoch nicht allzu häufig an und ich gestehe, dass dieses Rezept ein wenig französisch beeinflusst ist. Meine Version wird mit Olivenöl und Gerste gemacht, aber man kann die Gerste auch durch Emmer aus der Garfagnana ersetzen, das wäre ein wenig authentischer. Ich serviere diese Minestra gerne sehr heiß, mit Roggenbrot und einem guten Glas Rotwein als Vorspeise vor einem Hauptgang mit Fleisch. Man kann sie auch perfekt aus Einmachgläsern bei Raumtemperatur zu einem herbstlichen Picknick genießen.

FÜR 4 PERSONEN

2 Lauchstangen
2 kleine Kartoffeln
Salz
200 g Gerste
1 l heiße Gemüsebrühe
4 EL Olivenöl extra vergine
frisch gemahlener schwarzer Pfeffer
40 g geriebener Parmesan Reggiano (optional)

Die äußeren Blätter der Lauchstangen entfernen und den Rest in Scheiben schneiden. Die Kartoffeln schälen und in kleine Würfel schneiden. Wasser in einem großen Topf zum Kochen bringen, salzen und die Gerste darin 15 Minuten lang kochen, sodass sie sehr bissfest bleibt.

Während die Gerste kocht, 2 EL Öl in einer recht hohen Stahlpfanne erhitzen, den Lauch hineingeben und gut umrühren. 1 EL Wasser hinzufügen, einen gut sitzenden Deckel auflegen und eine Minute schmoren lassen. Dann die Kartoffelwürfel dazugeben, salzen und umrühren. Mit heißer Brühe bedecken und 10 Minuten köcheln lassen. Die Gerste in einem Sieb gut abtropfen lassen und dann zum Lauch und zu den Kartoffeln geben, gut umrühren und noch einmal etwa 5 Minuten kochen lassen.

Gerste und Kartoffeln probieren, beides sollte nun weich sein. Die Suppe auf Teller verteilen, mit etwas Öl beträufeln und mit ein wenig schwarzem Pfeffer bestreuen. Die Suppe servieren und auf Wunsch geriebenen Parmesan dazu reichen.

MINESTRA DI CECI

KICHERERBSENSUPPE

Diese Suppe kann man nicht auf den letzten Drücker zubereiten, denn die getrockneten Kichererbsen muss man erst einweichen und dann noch recht lange kochen. Wenn man Kichererbsen kauft, sollte man darauf achten, dass sie nicht älter als 6–12 Monate sind, denn sonst sind sie zu hart. Von Kichererbsen in Dosen oder Gläsern rate ich eher ab, denn sie enthalten oft Zusätze wie Zucker. Mit Pilzen und frischem Salbei wird diese bäuerliche Suppe zu einem Gaumenschmaus und Stimmungsaufheller – perfekt für die kalte Jahreszeit.

FÜR 4 PERSONEN

150 g getrocknete Kichererbsen
1 Knoblauchzehe
2 Pilze, Steinpilze oder Ähnliches
4 EL Olivenöl extra vergine
1 Bund frischer Salbei
Salz
1,5 l Gemüsebrühe
frisch gemahlener schwarzer Pfeffer (nach Belieben)

Die Kichererbsen in eine große Schüssel geben, mit kaltem Wasser bedecken und 6–8 Stunden oder über Nacht einweichen lassen. Für die Suppe zunächst die Knoblauchzehe schälen und zerdrücken. Die Pilze in Scheiben schneiden. Den Salbei waschen, trocken schüttlen und die Blätter abzupfen. Das Öl in einem hohen Topf erhitzen, den Knoblauch dazugeben und 2–3 Minuten braten, bis er sein Aroma an das Öl abgegeben hat. Salbeiblätter hineingeben und umrühren. Eine weitere Minute braten, dann die Pilze dazugeben und 5 Minuten dünsten. Salbei, Pilze und Knoblauch aus dem Topf nehmen. Knoblauch entsorgen, Pilze und Salbei in einen Teller geben, mit einem zweiten umgedrehten Teller abdecken und beiseitestellen.

Die Kichererbsen in den gleichen Topf geben und die Hitze leicht erhöhen, dabei gut umrühren. Ein wenig salzen, mit der heißen Brühe aufgießen und bei schwacher Hitze etwa 20–25 Minuten kochen lassen. Pilze und Salbei dazugeben und weitere 10 Minuten kochen, bis die Kichererbsen weich sind. Die Suppe heiß servieren und falls nötig noch einmal nachsalzen. Nach Belieben etwas Pfeffer darübergeben.

FATTORIA DIANELLA
Il MATTO
delle giuncaie

LA RIBOLLITA

GEMÜSESUPPE

Die Ribollita ist eine fleischlose Suppe, die in eine Tonschale gefüllt, mit fein geschnittenen Zwiebeln bestreut und mit Olivenöl gewürzt wird. Schwarzkohl ist eine weitere essentielle Zutat dieser toskanischen Suppe. Dazu kommen weiße Bohnen, die ihr eine angenehme Cremigkeit verleihen. Man serviert sie auf Brotscheiben, die mindestens drei Tage alt sind und auf Wunsch mit Knoblauch eingerieben werden. Die Ribollita ist ein sehr reichhaltiges Gericht, das mit einem Glas guten Rotweins ein vollständiges Abendessen darstellen kann.

FÜR 4 PERSONEN

150 g getrocknete Kichererbsen
250 g getrocknete weiße Bohnen
1 weiße Zwiebel
1 Karotte
1 Stangen Staudensellerie
1 große Kartoffel
500 g Schwarzkohl
500 g Weißkohl
50 ml Olivenöl extra vergine
3 EL Tomatenmark
2 Zweige frischer Thymian
8 Scheiben altes toskanisches Brot

Kichererbsen und Bohnen in einen großen Topf geben, mit kaltem Wasser bedecken und über Nacht einweichen lassen. Zum Kochen der Suppe das Würzgemüse vorbereiten: Zwiebel, Karotte und Sellerie mit einem scharfen Messer sehr fein hacken. Die Kartoffel schälen und würfeln. Schwarzkohl und Weißkohl waschen und die Blätter in dünne Streifen schneiden.

Das Öl in einem großen Topf erhitzen. Das Würzgemüse hineingeben und 2 Minuten anbraten, bis es gebräunt ist. Das Tomatenmark und die Kartoffelwürfel dazugeben, das Gemüse leicht salzen, umrühren und kurz durchziehen lassen. Nun die beiden Kohlsorten sowie die Bohnen, Kichererbsen und die kompletten Thymianzweige hinzufügen. Mit 2 l Wasser aufgießen und zugedeckt etwa 2 Stunden kochen lassen. Dabei hin und wieder umrühren. Wenn man einen Dampfkochtopf verwendet, reduziert sich die Kochzeit auf 70 Minuten und man braucht nur 1,5 l Wasser. Während des Kochens dickt die Suppe immer mehr an.

Die Thymianzweige aus der fertigen Suppe nehmen und die alten Brotscheiben auf dem Boden von Schalen oder tiefen Tellern anrichten. Die Ribollita gleichmäßig darüber verteilen und das Ganze so lange ruhen lassen, bis die Suppe nur noch laumwarm ist – das Brot saugt sich in dieser Zeit voll. Mit einem Glas Rotwein servieren.

PASTA E FAGIOLI

BOHNEN-NUDEL-SUPPE

Diese Bohnencreme mit Dinkelnudeln schmeckt einzigartig – verschiedenste Zutaten sind perfekt ausgewogen, und würzige Akzente paaren sich mit einer seidigen Konsistenz, deren Hitze den Körper nach einem langen Spaziergang im Freien aufwärmt. Ich stelle mir vor, wie ich diese Suppe den Männern serviere, wenn sie aus dem Wald kommen, und den Kindern, die im Hof mit den Hunden gespielt haben, während wir Frauen ihnen, in Wolljacken gehüllt und mit einer Tasse dampfend heißem Tee in der Hand, vom Innenhof aus zuschauen.

FÜR 6 PERSONEN

250 g Borlotti-Bohnen
1 l Gemüsebrühe
2 EL Olivenöl extra vergine
+ etwas mehr zum Servieren
2 Stangen Staudensellerie
1 Karotte
1 getrocknete Chilischote
2 Knoblauchzehen
200 ml Tomatenpassata
Salz
120 g Röhrchennudeln aus Dinkel
frisch gemahlener schwarzer Pfeffer
6 EL Parmesan Reggiano
12 Scheiben Ciabattabrot

Die Bohnen wenn nötig enthülsen und in einen großen Topf geben. Mit kaltem Wasser bedecken, auf den Herd stellen und etwa 30 Minuten kochen lassen, bis die Bohnen weich sind. Abgießen und die Hälfte der Bohnen mit etwa 100 ml Gemüsebrühe in den Mixer geben. So lange mixen, bis eine dicke Creme entstanden ist. Mit den ganzen Bohnen beiseitestellen.

Einen Topf mit Olivenöl erhitzen. Den Sellerie hacken und die Karotte würfeln, beides etwa 2 Minuten anbraten. Die Chilischote hineinbröseln. Mit einem Holzlöffel umrühren und die geschälte und zerdrückte Knoblauchzehe hinzufügen. Die Suppe 5 Minuten kochen lassen, dann die Tomatenpassata angießen, ein wenig salzen und weitere 10 Minuten kochen. Den Knoblauch schließlich herausfischen und die pürierten sowie die ganzen Bohnen dazugeben.

Die restliche Brühe zum Kochen bringen, dann die Röhrchennudeln hineingeben und etwa 8 Minuten kochen. Abgießen und eine Tasse der Brühe auffangen, die Nudeln zur Bohnencreme geben. Die Suppe mit der aufgefangenen Brühe verdünnen, abschmecken und gegebenenfalls mit Salz und etwas Pfeffer nachwürzen. Auf Teller verteilen und mit ein wenig Olivenöl beträufelt servieren. Parmesan Reggiano und Brotscheiben dazu reichen.

CREMA DI ZUCCA E CAROTA

KÜRBIS-KAROTTEN-CREMESUPPE

Es gibt diesen Moment im Jahr, ab dem man ganz plötzlich Unmengen von orangefleischigen Kürbissen auf dem Mark sieht. Heute verbindet man damit oft leuchtende, grimmig geschnitzte Gesichter. In meiner Schulzeit war es in Italien aber noch nicht üblich, Halloween zu feiern. In der Toskana wird Kürbis nicht sehr häufig verwendet, doch meiner Familie und mir schmeckt diese Zubereitungsart mit Karotte am allerbesten.

FÜR 4 PERSONEN

1 l Gemüsebrühe
1 Butternusskürbis
200 g weiße Rüben
200 g Karotten
1 weiße Zwiebel
2 EL Olivenöl
Salz
4 EL Parmesan Reggiano

Zu Beginn die Gemüsebrühe erhitzen und das Gemüse vorbereiten. Dazu die Schale des Kürbis auf einem Schneidebrett mit einem scharfen Messer entfernen. Die weißen Rüben und die Karotten schälen und in Stücke schneiden. Die Zwiebel in dünne Scheiben schneiden.

In einem großen Topf das Olivenöl erhitzen, die Zwiebel dazugeben, gut umrühren und bei schwacher Hitze 2 Minuten braten lassen. Das übrige Gemüse hinzufügen, leicht salzen, umrühren, und weitere 2 Minuten dünsten.

Mit der heißen Brühe aufgießen und die Suppe 15 Minuten kochen lassen, bis die Rüben weich sind und die Flüssigkeit sich so weit reduziert hat, dass man die Suppe gut mit einem Pürierstab glatt mixen kann. So lange pürieren, bis eine feine Creme entstanden ist. Diese dann mit Salz abschmecken und auf Teller verteilen. Die Suppe mit etwas Parmesan bestreut servieren.

LH

TAGLIOLINI IN BRODO DI POLLO

TAGLIOLINI IN HÜHNERBRÜHE

Dies ist das klassische Rezept, das ich einen Tag nach dem Kochen eines Suppenhuhns zubereite. Es ist die Mühe nicht wert, Tagliolini für Instant-Hühnerbrühe zu vergeuden – lieber würde ich sie mit Butter und Parmesan essen. Wenn die Brühe dagegen selbst gemacht ist, wird daraus ein köstliches und einfaches Gericht, das sowohl Geist als auch Körper belebt. In den Oktobertagen kurz nach Ludovicas Geburt war es mein Lieblingsessen – ein natürliches Stärkungsmittel, das die Abendmahlzeiten zu Oasen der Ruhe machte.

FÜR 4 PERSONEN

200 g Hartweizengrieß
+ 50 g zusätzlich zum Verarbeiten
1 TL feines Salz
2 frische Eier
1 Msp. Muskatnuss
1 l Hühnerbrühe (Seite 214)
3–4 schwarze Pfefferkörner
4 EL frisch geriebener Parmesan Reggiano

Grieß und Salz mit den Eiern und dem Muskat in eine Schüssel geben und mit den Händen zu einem Teig verkneten. Dann auf der Arbeitsfläche kräftig weiterkneten, dabei den Pastateig immer wieder vom Körper wegdrücken und dann wieder zu sich herziehen. Er muss zu einer glatten und homogenen Kugel werden. Die Teigkugel rundum leicht bemehlen und unter einem sauberen Tuch etwa 30 Minuten ruhen lassen.

Den Teig auf einer großen bemehlten Arbeitsfläche mit einem langen Nudelholz so dünn wie möglich ausrollen – man kann aber auch eine Pastamaschine verwenden. Breite Streifen schneiden, diese aufrollen und mit einem scharfen Messer zu Tagliolini schneiden oder durch den entsprechenden Aufsatz der Nudelmaschine drehen.

Die Brühe zum Kochen bringen. Die Tagliolini hineingeben und 2–3 Minuten kochen lassen. Mit einer Nudelzange aus der Brühe nehmen, in Suppenteller geben und mit gefilterter Brühe bedecken. Etwas gemörserten schwarzen Pfeffer und geriebenen Parmesan darüberstreuen, dann sofort mit Löffel und Gabel servieren.

PAPPA AL POMODORO

TOMATENSUPPE MIT BROT

Sommergewitter können in der Toskana ganz plötzlich kommen – auf einmal rollen Wolken über die Apenninen und es entlädt sich eine wohltuende warme Dusche über der Erde, die nie mehr als eine Stunde andauert. Dieser Regen wäscht die Reben und erzeugt dabei einen solch intensiven Duft, dass er einem manchmal zu Kopf steigt. Die reifen Tomaten hängen süß an ihren Zweigen und warten darauf, geerntet zu werden. Ein paar davon und ein Bund Basilikum, bei einem kleinen Rundgang durch den regennassen Garten gepflückt – mehr braucht man nicht, um die „pappa al pomodoro" zu kochen. Hat man diese Suppe noch nicht gekostet, so kann man nicht behaupten, schon einmal wirklich in der Toskana gewesen zu sein. Auch bei diesem authentischen Rezept ist eine Einordnung schwierig, denn in jeder Provinz gibt es eine Variante davon – diese hier ist unser Familienrezept. Man kann die Suppe als ersten Gang bei einem Abendessen servieren oder als alleiniges Gericht zum Mittagessen. Es dürfte kaum nötig sein zu erwähnen, dass ein gutes Glas Chianti die Aromen wunderbar ergänzt.

FÜR 6–8 PERSONEN

2 kg reife Tomaten
80 ml Olivenöl extra vergine
Salz und frisch gemahlener Pfeffer
300 g altes toskanisches Brot
1 Bund frisches Basilikum

Die Tomaten waschen und vierteln, dabei den Stielansatz entfernen. Die Viertel grob würfeln und mit einigen EL Olivenöl und etwas Salz in eine Schüssel geben. Alles gut mischen und zur Seite stellen. In der Zwischenzeit das Brot in Scheiben schneiden und jede Scheibe fein würfeln – man kann es auch zerbröckeln, aber ich finde es so besser.

Die gewürzten Tomaten in einer Pfanne bei mittlerer Hitze etwa 5 Minuten andünsten, bis sie gerade weich und heiß geworden sind. Vom Herd nehmen, die Brotstückchen hinzufügen und untermischen. Mit Salz und Pfeffer abschmecken, auf Teller verteilen, einige Spritzer Olivenöl darübergeben und mit frischen Basilikumblättern bestreuen. Sofort servieren und weiteres Brot dazu reichen.

Mit einer Suppe
auf dem Herd ziehen Aroma und das Gefühl von Heimat durch die Küche. Dieses einfache Essen ist wie das Wesen einer Familie: Fürsorge und Liebe verbinden Generationen und lassen gesellschaftlichen Rang und Alter vergessen.

KAPITEL 5

Fleisch und Wein für besondere Anlässe

DIE FREUDEN DER GESELLIGKEIT

und wie man Gäste stilvoll im Freien bewirtet

Florenz ist eine unendlich schöne Stadt. Doch wie eine Frau, die beim ersten Anblick Faszination ausübt – obwohl man nicht sagen kann, warum –, liegt es nicht an ihrer Perfektion oder Jugendlichkeit. Vielmehr sind es die verschiedenen attraktiven Details, die Stück für Stück, aber niemals vollständig enthüllt werden – und die voller Stolz und Würde getragenen Zeugnisse der Vergangenheit. In dem chaotischen Geflecht kleiner Gassen, die verstopft sind mit Touristen, Autos und Motorrollern jeder Größe, kann man sich leicht verlieren, ohne überhaupt nach Hause finden zu wollen.

In diesen Straßen kann alles passieren und nichts kann die Stimmung trüben. Beim Betrachten der herrlichen Umgebung meint man, außer dem Geräusch seiner ruhigen Schritte ein Lied zu vernehmen. Biegt man in eine Gasse ab, verebbt der Verkehrslärm wie durch Magie und die anmutige Melodie einer Operette ertönt aus einem offenen Fenster im Erdgeschoss. Plötzlich öffnet sich vor einem ein großer Platz voller Kunst und Licht. So viel atemberaubende Pracht lässt sich mit einem Blick gar nicht ganz erfassen. Gleich hinter der nächsten Ecke locken kleine Bartische im Schatten einer alten Mauer, wo Eis wie in guter alter Zeit verkauft wird. Der schlichte Torbogen eines Adelspalastes öffnet sich, um eine Dame hindurchzulassen, und so wie ein Windhauch den Saum eines Unterkleids hervorblitzen lässt, erhascht man einen kurzen Blick auf einen Teppich aus unfassbar gepflegtem Rasen, der von weißen Marmorstatuen gesäumt wird.

Florenz ist einfach unvergesslich. Man kann einfach nicht anders, als sich in die Stadt zu verlieben, doch sie bricht jedem das Herz, der sie verlassen will. Man muss sich Florenz einfach komplett hingeben. Wenn man ziellos durch die Straßen flaniert, übt man sich in der höchsten Kunst Italiens: dem „dolce far niente“, dem süßen Nichtstun. Ein Augenblick, der kurz oder ewig erscheinen kann, wird einzig dem Vergnügen gewidmet,

sich wohlzufühlen, ohne etwas zu tun zu haben. Man hält inne, um mit einem Wirt zu plaudern. Er reicht einem ein Glas Wein und es entspinnt sich eine Unterhaltung, in der Gesten genauso wichtig sind wie Worte. Seine Arme gestikulieren erklärend durch die Luft wie bei einem Dirigenten, und im liebenswerten florentinischen Tonfall macht er einem klar, dass das Leben mit einem Glas Wein in der Hand noch viel schöner ist.
Um Florenz in seinem Innersten zu spüren, muss man die Luft mit allen fünf Sinnen einatmen. Ist man innerlich offen und nimmt alles an, was die Stadt anbietet, erwacht auch ein innerer sechster Sinn für die Kunst, gut zu essen und zu genießen. Man lernt zu unterscheiden zwischen kurzem Vergnügen und wahrem Genuss, den man für immer mit sich trägt. Gutes Essen wird eine unverzichtbare Quelle der Freude und man verspürt den dringenden Wunsch, neue Gerichte zu entdecken, den Geschmack von delikatem Fleisch aus Chianina und einem Glas Rotwein auf der Zunge zu spüren. Es wird schwierig werden, ohne Bedauern zu alten Gewohnheiten zurückzukehren. Man entdeckt die Kunst der Gemeinschaft und die Freuden der Geselligkeit – und ein Lebensgefühl, das man für sein restliches Leben in sich tragen wird.

EIN PERFEKTES PAAR: FLEISCH UND WEIN

Die Küche von Mariacristina ist ein Paradies zwischen dem Boboli-Garten und dem Palazzo Pitti. Klein und ordentlich ist sie, mit einem großen Sideboard, das die gesamte Wand einnimmt und Stapel von feinen Porzellantellern verbirgt, während auf der anderen Seite die Spüle und die lange Arbeitsfläche unter dem Fenster in einem einzigen Panorama zeigen, was ihre Hände gerade zubereiten. Dort zu kochen ist etwas Besonderes – zwischen Kinderzeichnungen und Rotweinflaschen, die direkt vom Landgut ihres Mannes Roberto in Montalcino kommen. Es ist eine Freude, da zu sein, und man spürt eindrücklich das Privileg, diese alten Palazzi noch immer bewohnen zu dürfen.
Die Grundlage des Abendessens bilden Fleisch und Rotwein, eine althergebrachte Kombination, die so einfach wie perfekt ist. Der Geschmack des roten Fleischs braucht

2000
BRANDANI
Casa & Cucina
1500
500
1000

CUISINE
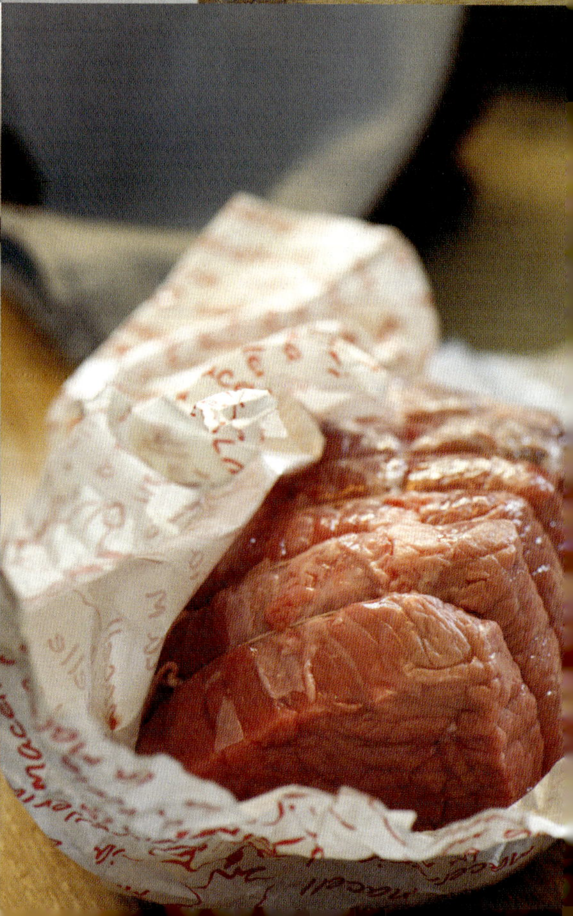

einen körperreichen Wein, der ihn mit seinem klaren, kräftigen Aroma ergänzt. Wir entschieden uns, eine Vorspeise auf der Terrasse zu servieren und auf den ersten Gang zu verzichten, um mehr Platz für den zweiten Gang zu lassen. Ganz traditionell sollen das heute Fleisch mit diversem Gemüse sein: Kaiserlinge und Steinpilze, Salat aus frischen, auf den Punkt gereiften Tomaten mit Basilikum aus dem Garten in traditionellem Balsamicoessig aus Modena. Zum krönenden Abschluss gibt es einen Nachtisch aus Schokolade, serviert mit einem roten Dessertwein.

Ein Stück Qualitätsfleisch auszusuchen ist heutzutage schwieriger denn je. Der erste Schritt ist, einen vertrauenswürdigen Metzger zu finden, der die Herkunft seines Fleisches offen deklariert. So vermeidet man nicht nur, dass man Fleisch von Tieren isst, die prophylaktisch mit Antibiotika behandelt wurden, sondern man kann auch sicher sein, dass die Tiere artgerecht gehalten wurden. Jeder sollte versuchen, dazu beizutragen, dass es weniger Massentierhaltung gibt und diese eines Tages hoffentlich ganz verschwindet. Das geht nur, wenn man als Verbraucher darauf achtet, Fleisch aus tiergerechter Haltung zu kaufen – auch die Tiere sollten ein würdevolles Leben führen dürfen.

Rindfleisch von einem gesunden Tier ist eine unersetzliche Quelle von wertvollem tierischem Eiweiß, aber auch von Fetten, Vitaminen und Mineralien. Die Farbe des rohen Fleischs sollte rot und frisch sein – ist sie zu dunkel, war das Tier entweder sehr alt oder es wurde stark gemästet. Die Struktur des Fleischs muss fein und dicht sein, ohne Fettadern im mageren Teil, mit weißer und cremiger, gleichmäßiger Maserung in den fetteren Teilen – perfekt etwa für Geschmortes oder Geschnetzeltes. Zuletzt sollte man den Geruch kontrollieren, sowohl an der Fleischtheke als auch am gekauften Stück. Kann man das Fleisch gar nicht riechen, ist es vielleicht zu frisch oder wurde nicht richtig abgehängt. Riecht es zu stark, ist es offensichtlich alt. Der Geruch von Fleisch sollte angenehm, frisch, leicht und kaum wahrnehmbar sein. Welches Stück sollte man wählen? Das hängt vom Rezept ab. Ein guter Metzger wird einem immer das Richtige für das geplante Abendessen empfehlen können.

ESSEN IM FREIEN

Die Terrasse muss noch hergerichtet werden, doch das Wetter ist schön und wir haben keine Eile. Ich mag es, alles in Ruhe vorzubereiten und mich bei einem Glas Wein über das Kochen und das Leben zu unterhalten, während die Zubereitung des Abendessens ganz nebenbei geschieht. Mariacristina kümmert sich ums Tischdecken. Einige Male steigt sie die Treppe zur Terrasse hinauf und hinunter, mit riesigen Tabletts voller Teller, Gläser, Besteck und den ganz besonderen Salatschalen in Halbmondform, die einen Ehrenplatz verdienen. Es gibt eine vielfältige und reichhaltige Auswahl an Fleisch: dicke, saftige Steaks mit Knochen auf florentinische Art, ein geschnürtes Stück mageres Rindleisch für Schmorbraten mit Brunello, Lende für Tagliata. Ich esse nicht oft rotes Fleisch, doch wenn ich es tue, muss es von wirklich guter Qualität sein und von erstklassigem Rotwein begleitet werden. Mariacristina hat einen Mann geheiratet, der einen der besten Brunelli di Montalcino produziert, die ich je getrunken habe – den San Filippo Le Lucére, und so mangelt es bei ihr weder an gutem Wein noch an guter Gesellschaft. In der Wohnung herrscht bald ein Gewirr von Stimmen und Geräuschen. Auf dem Ofen zischt das Öl, als es mit den Gewürzen in Kontakt kommt. Am Rand des Topfdeckels, der über den dampfenden roten Zwiebeln liegt, entweicht der Geruch des Balsamicoessigs und erfüllt die sommerliche Luft. Noch bevor die Gäste auf dem Weg nach drinnen sind, füllen sich die Rotweingläser, und unser Fest kann beginnen.

Kochen sollte Freude bereiten, sowohl dem Koch als auch dem Esser. Wenn man gute Zutaten und ausreichend Zeit hat, sollte es nicht schwierig sein, ohne Stress und gut gelaunt alles vorzubereiten. Steak, Salat und ein gutes Glas Rotwein sind ein leicht zuzubereitendes Abendessen. Dazu noch ein Sonnenuntergang über den Dächern von Florenz, und man fühlt sich wie in einer Postkarte. Ich verwende gerne den Tischwein auch zum Kochen – das darf auch ein Rest vom Vorabend sein, aber ich finde es sinnlos, ein gutes Stück Fleisch mit minderwertigem Wein zu kombinieren. Das Grundaroma sollte wie ein roter Faden sein, der Essen und Getränke verbindet.

BISTECCA ALLA FIORENTINA

STEAK NACH FLORENTINER ART

Das Fiorentina ist ein Steak mit Knochen, das in recht dicke Scheiben von normalerweise drei oder vier Zentimetern geschnitten wird. Je nach Gewicht, das meist bei knapp einem Kilogramm liegt, reicht es für zwei oder mehr Personen. Die klassische T-Form entsteht durch den Knochen zwischen Filet und Lendenstück. Auf dem Holzkohlengrill gebraten, entwickelt es wunderbar sommerliche Aromen, es wird aber auch in einer guten Grillpfanne vorzüglich. Ich lasse das Fleisch so lange in Öl mit frischem Rosmarin marinieren, bis es Raumtemperatur angenommen hat, und würze es sowohl während als auch nach dem Braten mit Salz und Pfeffer.

FÜR 2–3 PERSONEN

1 großes Steak, 3 cm hoch (ca. 750 g mit Knochen)
5 schwarze Pfefferkörner
2–3 EL Olivenöl extra vergine
+ etwas mehr zum Servieren
2 Zweige frischer Rosmarin
Meersalzflocken

Das Steak aus dem Kühlschrank nehmen und mit einem scharfen Messer überschüssiges Fett entfernen, ein wenig Fett sollte aber am Fleisch bleiben. Die Pfefferkörner auf ein Holzbrett legen und mit der flachen Seite eines Messers zerdrücken, dann zusammen mit dem Öl und den Rosmarinzweigen in einen tiefen Teller geben. Das Fleisch in der Ölmischung wenden, ein wenig salzen und etwa 15 Minuten ruhen lassen. In der Zwischenzeit eine gusseiserne Grillpfanne erhitzen beziehungsweise den Holzgrill vorbereiten.

Das Steak mit etwas Küchenpapier abtupfen – ich brate es lieber ohne Öl, um Rauch zu vermeiden, aber auch wegen des besseren Geschmacks. Das Fleisch in die heiße Grillpfanne legen und für 5–6 Minuten auf dieser Seite liegen lassen, dann das Steak wenden und weitere 6–7 Minuten auf der zweiten Seite braten. Ein Steak alla fiorentina wird traditionell medium serviert. Es sollte recht dunkle Röststreifen von den Grillstäben haben und innen rosa sein. Für ein Steak von 750 g kann man mit einer Gesamt-Grillzeit von 12–15 Minuten rechnen.

Das Fleisch vom Grill nehmen und auf einen Teller legen. Noch einmal mit Salzflocken bestreuen, dann vor dem Servieren 10 Minuten ruhen lassen. Wenn das Fleisch von guter Qualität ist, wird es nicht viel Saft abgeben, da dieser durch die hohe Temperatur im Inneren eingeschlossen wird. Das Steak mit einem extra Schüsselchen Salzflocken und Olivenöl servieren.

TAGLIATA DI CHIANINA AL ROSMARINO

GEBRATENES CHIANINA-RIND MIT ROSMARIN

Wenn man Fleisch von den weißen, in der Valdichianina aufgezogenen Rindern isst, merkt man sofort den Unterschied. Diese alte Rasse wird im Freien gehalten und ist an ihrer außergewöhnlichen Größe sowie ihrem porzellanweißen Fell zu erkennen. Sie gibt ein besonders exquisites Fleisch ab, das seit Jahrhunderten geschätzt wird: Es ist eines der besten für eine perfekte Tagliata – außen schön braun und gar, innen rosa und butterzart. Das Fleisch hat einen so ausgezeichneten Ruf, dass es heute auch im Ausland bei vielen Delikatessenhändlern zu bekommen ist. Das einzige Geheimnis besteht darin, das richtige Stück Fleisch auszuwählen. Ich nehme immer das Lendenstück, aber auch andere Teile eignen sich gut.

FÜR 2 PERSONEN

1 Lendenstück von ca. 450 g und 2 cm Dicke
3 Zweige frischer Rosmarin
3 EL Olivenöl extra vergine
3 schwarze Pfefferkörner
1 EL Meersalzflocken
reife Tomaten zum Servieren

Das Fleisch etwa eine Stunde vor der Zubereitung aus dem Kühlschrank nehmen, sodass sein Aroma sich besser entfalten und mit dem des Rosmarins verbinden kann.

Einen der Rosmarinzweige in Stückchen schneiden und mit dem Öl und 3 zerstoßenen Pfefferkörnern in einen kleinen Topf geben. Etwa 2 Minuten erhitzen, ohne das Öl zum Kochen zu bringen, und dann beiseitestellen, damit es die Aromen aufnimmt.

Eine große gusseiserne Pfanne für 4–5 Minuten auf mittlerer Stufe erhitzen. Das Fleisch salzen, in die heiße Pfanne geben und 5 Minuten braten lassen, ohne es zu bewegen. 2 Rosmarinzweige auf oder neben das Fleisch legen und darauf achten, dass sie nicht verbrennen. Die Lende mit einer Zange umdrehen und 4–5 Minuten auf der anderen Seite braten lassen. Das Fleisch aus der Pfanne nehmen, die Rosmarinzweige darauflegen und es mit Alufolie bedeckt noch etwa 5 Minuten ruhen lassen.

Die Tagliata in etwa 1 cm dicke Scheiben schneiden, mit Salzflocken bestreuen und mit dem Rosmarin sowie dem aromatisierten Öl servieren. Als Beilage reife Tomaten in Stücke schneiden und ebenfalls mit Öl und Salz servieren.

COSTOLETTA DI MAIALE

SCHWEINEKOTELETT

Schweinekotelett ist ein großer Klassiker. In der Toskana servieren wir es mit einem lauwarmen Salat aus weißen Bohnen wie beispielsweise dem auf Seite 273. Es ist ein köstliches Rezept, das jedoch ein wenig aufwendiger ist, als das Fleisch einfach nur schnell in der Pfanne zu braten. Der leckere Geschmack des zarten Fleischs ist aber jede Mühe wert.

FÜR 2 PERSONEN

Olivenöl extra vergine
2 Schweinekoteletts mit Knochen
1 Glas trockener Rotwein
2 Zweige frischer Rosmarin
Meersalzflocken und schwarze Pfefferkörner
1 Zitrone
2 Zweige frischer Thymian

Den Ofen auf 200 °C vorheizen und eine Pfanne wählen, die man sowohl auf dem Herd als auch im Ofen verwenden kann. 2 EL Olivenöl hineingeben und bei hoher Hitze gut heiß werden lassen. Die beiden Koteletts hineinlegen und auf beiden Seiten anbraten, ohne zu salzen – etwa 3 Minuten insgesamt sollten genügen.

Die Pfanne vom Herd nehmen und das Fett abgießen. Auch das Fleisch mit Küchenpapier etwas abtupfen. Die Koteletts wieder in die Pfanne geben und diese bei mittlerer Hitze auf den Herd stellen. Den Rotwein angießen und etwas verkochen lassen, dabei mit einem Holzspatel über den Pfannenboden kratzen, damit sich nichts festsetzt. Die Rosmarinzweige hinzufügen sowie etwas Salz und ein paar frisch zerstoßene Pfefferkörner, dann die Pfanne für 3–4 Minuten in den heißen Backofen stellen.

Danach die Pfanne herausnehmen. Die Zitrone halbieren, das Fleisch mit dem Saft beträufeln und die Hälften neben das Fleisch legen. Die Koteletts im eigenen Saft wenden, dann zurück in den Ofen geben und weitere 3–4 Minuten garen. Herausnehmen, frische Thymianblätter darüberstreuen, mit Salz und Pfeffer abschmecken und servieren.

SPEZZATINO CON LA PEPERONATA

RAGOUT MIT PAPRIKAGEMÜSE

Ein weiterer großer Klassiker, der vor allem während der Paprikasaison im Sommer in fast jedem italienischen Haushalt zubereitet wird. Jede Familie hat ihr eigenes Rezept und verwendet für dieses Gericht ein besonders gutes Stück Fleisch. Ich nehme mundgerechte Stücke vom Rind, säuberlich von zu viel Fett befreit und langsam auf dem Herd geschmort.

FÜR 4 PERSONEN

1 Schalotte
Olivenöl extra vergine
700 g Gulaschwürfel aus Rindfleisch
2 EL Mehl, Type 405
Salz
1 EL Tomatenmark
frisch gemahlener schwarzer Pfeffer
1 Bund frische Petersilie

Für die Peperonata
1 rote und 1 gelbe Paprika
3 ELOlivenöl extra vergine
1 EL weißer Essig
1 EL Zucker

Die Schalotte in dünne Scheiben schneiden. 2 EL Olivenöl mit 1 EL Wasser in einem großen Topf auf mittlerer Stufe erhitzen. Die Schalotte hineingeben und bei halb aufgelegtem Deckel 3–4 Minuten dünsten. In der Zwischenzeit das Fleisch von zu viel Fett befreien, in gleich große Stücke schneiden und dann im Mehl wälzen.

Die Temperatur erhöhen und das Fleisch in den Topf geben, 2 Minuten braten, dann mit einem Holzlöffel umrühren. Salzen, den Deckel schließen und so 5 Minuten köcheln lassen, dabei den Topf immer wieder schwenken, sodass die Fleischstücke sich bewegen. Dann mit heißem, fast kochendem Wasser bedecken, ein wenig salzen und das Tomatenmark hinzufügen. Den Deckel schließen und das Ragout bei schwacher Hitze 45 Minuten schmoren lassen, dabei hin und wieder umrühren und falls nötig etwas Wasser nachgießen. Bei einem Schnellkochtopf genügen 25 Minuten Schmorzeit ab dem Zischen des Ventils.

Während das Fleisch schmort, die Peperonata zubereiten. Dafür die Paprikas waschen, putzen und in Stücke schneiden. Mit 3 EL Olivenöl, Essig und Zucker in eine tiefe Pfanne geben. Umrühren, die Pfanne auf den Herd stellen und das Gemüse zugedeckt etwa 20 Minuten dünsten, dabei immer wieder umrühren und eventuell 1 EL Wasser dazugeben. Vom Herd nehmen, salzen und bis zum Servieren zugedeckt lassen.

Wenn das Fleisch fertig ist, den Topf vom Herd nehmen, probieren und mit Salz und Pfeffer abschmecken. Dann 5 Minuten ruhen lassen und in eine Servierschüssel füllen. Mit gehackter Petersilie bestreut und dem Paprikagemüse als Beilage servieren.

SCALOPPINE ALLA PIZZAIOLA

KALBSSCHNITZEL IN WÜRZIGER TOMATENSAUCE

Dieses Rezept war in meiner Kindheit ein großer Klassiker bei uns zu Hause. Dazu gab es Scheiben toskanisches Brot, mit dem man auch den letzten Rest Sauce aufsaugen konnte. Es eignet sich gut als Abendessen für die Familie, im Winter vielleicht mit etwas Polenta als Beilage und im Sommer mit gedämpftem Couscous. Kinder lieben dieses besondere Gericht sehr und es ist einfach zuzubereiten, denn man kann es einige Stunden im Voraus kochen und dann kurz vor dem Servieren aufwärmen. Beim Kauf des Fleisches sollte man auf das Gewicht und die Qualität achten, denn die Größe kann variieren. Ich empfehle ungefähr 150 g Fleisch pro Erwachsenem und 100 g pro Kind. Die besten Stücke sind Keule und Nuss.

FÜR 4 PERSONEN

4–6 Kalbsschnitzel
3–4 EL Olivenöl extra vergine
1 Knoblauchzehe
Salz, frisch gemahlener schwarzer Pfeffer
1 Dose Pizzatomaten
1 TL getrockneter Oregano
1 Bund frische Petersilie

Im Allgemeinen werden Schnitzel vom Metzger flach geklopft und fertig verkauft, sind sie jedoch hoch, muss man sie selbst mit einem Fleischklopfer plätten. Die optimale Höhe liegt bei 3–4 Millimetern, so kann man sie in kurzer Zeit zubereiten.

Das Olivenöl in einer tiefen Pfanne mit dem geschälten und zerdrückten Knoblauch auf kleiner Flamme erhitzen. Nach 2 Minuten die Schnitzel hineingeben und auf jeder Seite 2 Minuten anbraten, salzen und etwas pfeffern. Die Tomaten aus der Dose dazugeben, mit Oregano und Salz würzen und bei schwacher Hitze weitere 7 Minuten schmoren, dabei die Schnitzel hin und wieder wenden und darauf achten, dass die Sauce die richtige Konsistenz erreicht. Falls sie zu flüssig ist, die Hitze in den letzten 2–3 Minuten etwas erhöhen.

Den Knoblauch entfernen und die Kalbsschnitzel mit der frischen, gehackten Petersilie bestreut servieren.

ARROSTO DI FARAONA AI CARCIOFI

PERLHUHNBRATEN MIT ARTISCHOCKEN

Als ich klein war, hatten meine Mama und meine Oma nur ein einziges Kochbuch: den „Silberlöffel". Dieses Rezept stammt ursprünglich aus jenem Buch, wurde aber sicherlich ein wenig verändert – nicht unbedingt, um den Geschmack zu verbessern, sondern weil es bei uns damals niemand nötig fand, ein Rezept Wort für Wort zu befolgen. Der Perlhuhnbraten gefüllt mit Artischocken ist perfekt für ein elegantes Mittag- oder Abendessen, vielleicht in Begleitung von Kartoffeln, Artischocken aus der Pfanne und der klassischen toskanischen Schwarzwurzel mit ihrem herben Geschmack, der gut mit den Artischocken harmoniert.

FÜR 6 PERSONEN

1 Perlhuhn ohne Knochen
Salz, frisch gemahlener schwarzer Pfeffer
3 Artischocken
1 Zitrone
10 dünne Scheiben frischer Speck
5 EL Olivenöl extra vergine
1 weiße Zwiebel
½ Glas trockener Weißwein

Das entbeinte Perlhuhn mit dem Inneren nach oben auf die Arbeitsfläche legen und leicht salzen und pfeffern. In dieser Zeit den Ofen auf 190 °C vorheizen.

Die Artischocken putzen und das Heu entfernen. Für dieses Rezept nur das ganz weiche Innere der Artischocken verwenden. Dieses mit einem scharfen Messer oder einem feinen Hobel in ganz dünne Scheiben schneiden. Die Scheiben immer möglichst schnell in eine Schüssel mit Wasser und dem Saft der Zitrone geben, bis alle Artischocken verarbeitet sind. Dann die Artischocken abgießen, trocken tupfen und auf dem Perlhuhn verteilen.

Das Fleisch aufrollen, mit dem Speck umwickeln und mit Küchengarn festbinden, sodass alles gut festhält, der Faden aber nicht zu sehr einschneidet.

4 EL Öl in einer Kasserolle erhitzen, die sowohl für den Herd als auch den Ofen geeignet ist, die geviertelte Zwiebel für den Geschmack hineingeben, dann den geschnürten Braten darin auf jeder Seite 2–3 Minuten anbraten.

Den Wein angießen und die Temperatur leicht erhöhen. Wenn der Wein verkocht ist, 1 EL Öl auf der Oberfläche des Bratens verteilen und die Kasserolle in den heißen Ofen schieben. 30 Minuten braten, dann die Temperatur mit der Spitze eines scharfen Messers überprüfen (sie muss beim Herausziehen heiß sein).

Den Braten aus dem Ofen nehmen, auf ein Schneidebrett legen, das Garn entfernen und das Perlhuhn mit etwas Alufolie abgedeckt 5 Minuten ruhen lassen. In der Zwischenzeit den Bratensaft filtern, die Zwiebel entfernen und die Sauce in eine Saucière geben. Den Braten in dicke Scheiben schneiden und mit der Sauce heiß servieren.

QUAGLIE ALL'UVA BIANCA

WACHTELN MIT HELLEN TRAUBEN

Die Toskana ist eine Gegend leidenschaftlicher Jäger. Fasane, Hasen, Rebhühner und Wildschweine sind dabei sicher die beliebteste Beute. Einige Brüder meines Opas – er ist der Jüngste von neun Geschwistern – gehen jagen, aber in unserem Familienzweig wurde diese Tradition nie fortgeführt, und ehrlich gesagt bin ich froh darüber. Ich mag diesen Sport nicht, auch wenn ich Verständnis für seinen Ursprung und seine Bedeutung habe, solange er auf legale und korrekte Weise betrieben wird. Wachteln aber blieben in den Familienrezepten bestehen. Heute gibt es sie auch aus speziellen Zuchten zu kaufen. Sie werden mit hellen Trauben kombiniert, deren Saison mit der Jagdzeit beginnt und die in der Toskana im Überfluss vorhanden sind. Ich serviere dieses Gericht gerne mit einem Glas gutem italienischen Malvasia.

FÜR 4–6 PERSONEN

8 Wachteln, gesäubert
Salz und frisch gemahlener schwarzer Pfeffer
1 Rispe helle kernlose Trauben
8 dünne Scheiben Speck
2 EL Olivenöl extra vergine
25 g Butter
50 ml Brandy

Den Ofen auf 220 °C vorheizen. Die Wachteln mit Salz und Pfeffer würzen und in jede Bauchhöhle 2–3 Weintrauben stecken. Um jede Wachtel eine Scheibe Speck wickeln und sie mit etwas Küchengarn verschnüren – jedoch nicht allzu fest.

Die Wachteln in eine mit Backpapier ausgelegte Form geben, das Olivenöl und die Butterflöckchen darüber verteilen und die restlichen Weintrauben um das Geflügel herum legen. Für 10 Minuten in den heißen Ofen schieben.

Die Form kurz aus dem Ofen nehmen. Den Brandy über die Wachteln gießen und vorsichtig anzünden. Dabei etwas Abstand halten, denn die Flammen können 10–20 cm hoch werden. Sobald der Alkohol verbrannt und das Feuer aus ist, die Wachteln zurück in den Backofen schieben und weitere 7–10 Minuten garen, dann das Geflügel herausnehmen und zusammen mit den Weintrauben heiß servieren.

GALLINA IN BRODO

HÜHNERSUPPE

Huhn und Kapaun waren klassische Weihnachtsgerichte – günstige Zutaten, die selbst ein Regiment sättigen können und die wir wieder mehr schätzen sollten, denn auch wenn sie nicht viel hermachen, versteckt sich in ihnen der intensive Geschmack von Heimat, Familie und Liebe. Aus diesem Gericht entsteht auch Hühnerbrühe, die für Tortelli und Risottos wichtig ist. Ich finde, es ist ein einfaches und nahrhaftes Rezept, das es wert ist, aus Omas Rezeptesammlung ausgegraben zu werden. Man sollte ein Huhn aus Bodenhaltung nehmen, das ohne genetisch verändertes Futter ernährt wurde. Die Hühner meiner Oma bekamen Maiskörner von getrockneten Kolben, trockenes, in Milch eingeweichtes Brot und andere Getreideabfälle des Bauernhofs, die sie vom Boden picken konnten – und sie schmeckten wunderbar.

FÜR 6 PERSONEN

1 ganzes Huhn, gesäubert und geschnürt (ca. 1,3 kg)
1 Zwiebel
3 Nelken
1 Karotte, geschält
1 Stange Staudensellerie
5 schwarze Pfefferkörner
½ EL grobes Salz

Heute kann man Hühner schon fix und fertig kaufen, gerupft und ausgenommen, ohne Hals, Kopf und Fuß. Das Huhn mit kaltem Wasser abspülen, in einen großen Topf mit Deckel geben und großzügig mit kaltem Wasser bedecken. Den Deckel auflegen und das Wasser zum Kochen bringen, dann die Oberfläche mit einem Löffel oder einer Schaumkelle abschäumen.

Die Zwiebel im Ganzen schälen und die Nelken hineindrücken. Nachdem abgeschäumt wurde, die Zwiebel mit der Karotte, dem Sellerie und dem schwarzen Pfeffer in den Topf geben. Das Salz zufügen und den Deckel wieder auflegen.

Das Huhn mit dem Gemüse etwa 90 Minuten kochen lassen, dann die Spitze eines scharfen Messers in die Keule stechen. Wenn sie weich ist und das Fleisch sich leicht lösen lässt, ist das Huhn fertig. Ansonsten weitere 20–30 Minuten kochen.

Das Huhn in der Brühe ca. 25 Minuten abkühlen lassen, dann servieren. Die Brühe mit einem feinen Sieb (oder Gaze) filtern und zur weiteren Verwendung in den Kühlschrank stellen, sie hält sich 3–4 Tage. Einmal abgekühlt, kann man das oben schwimmende Fett entfernen, wenn man eine fettarme Brühe bevorzugt.

CONIGLIO ALLA CACCIATORA

KANINCHEN NACH JÄGERART

Ehrlich gesagt habe ich keine Kaninchen mehr gegessen, seit ich sieben Jahre alt war, denn ich habe im Garten meiner Tante Dina mit ihnen gespielt und betrachte sie deswegen als Haustiere. Zu den Kaninchenställen zu gehen, sie sauber zu machen und die Tiere am Boden schnuppern zu lassen, war eine meiner liebsten Freizeitbeschäftigungen. Dieses Rezept ist das einzige mit Kaninchen, das man in meinen Büchern finden wird – eine Hommage an meine Mama, von der alle sagen, dass sie einen spektakulären Kaninchenbraten nach Jägerart zubereitet. Sie gibt etwas Tomate und schwarze Oliven dazu, wie es der toskanischen Tradition entspricht.

FÜR 6 PERSONEN

1,2 kg Filet vom Kaninchen
(oder 1 komplettes Kaninchen in Stücken)
1 Glas Rotweinessig
3–4 EL Mehl
50 ml Olivenöl extra vergine
1 kleine Zwiebel
1 Zweig Salbei
1 Knoblauchzehe
Salz, frisch gemahlener schwarzer Pfeffer
100 ml Weißwein
75 g abgespülte Kapern

Das Kaninchen mit 1,5 l Wasser und dem Glas Rotweinessig in eine große Schüssel geben und 30 Minuten darin ziehen lassen, dann abgießen und mit Küchenpapier trocken tupfen. Danach im Mehl wenden, überschüssiges Mehl abklopfen.

3 EL Olivenöl in eine hohe Pfanne geben und mit der geschnittenen Zwiebel, dem Salbei und dem Knoblauch auf mittlerer Flamme erhitzen. Das Kaninchen dazugeben und auf beiden Seiten 2–3 Minuten anbraten, leicht salzen und pfeffern. Wenn das Kaninchen gebräunt ist, den Wein dazugeben, umrühren und zugedeckt etwa 35 Minuten köcheln lassen. Falls nötig, noch ein wenig Wasser hinzufügen.

Zum Ende der Garzeit das übrige Öl und die Kapern dazugeben, gut umrühren, vom Feuer nehmen und 5 Minuten ruhen lassen. Das Fleisch mit den Kapern bestreuen und mit etwas Kochflüssigkeit beträufelt servieren.

ARROSTO DELLA DOMENICA

SONNTAGSBRATEN

In Italien ist das sonntägliche Mittagessen sehr wichtig und der Braten spielt in unserer Tradition eine zentrale Rolle. Es gibt hierfür kein typisches Rezept, denn jede Region hat ihr eigenes, das jede Familie mit der für die italienische Küche charakteristischen Kreativität und Freiheit verändert und auf eigene Art perfektioniert. In der Toskana gibt es drei wichtige Zutaten: Rosmarin, Olivenöl extra vergine anstelle von Butter und ein Glas Chianti als stimmungsvolle Begleitung. Das folgende Rezept stammt von meiner Mutter, die es wiederum von ihrer Mutter übernommen hat. Als Fleisch empfehle ich Keule, Hachse oder Bug.

FÜR 4–6 PERSONEN

ca. 800 g Rindfleisch
Salz, frisch gemahlener Pfeffer
50 ml Olivenöl extra vergine
½ Glas Weißwein
1 kg neue Kartoffeln
2–3 Zweige frischer Rosmarin
2 Knoblauchzehen

Das Fleisch folgendermaßen vorbereiten oder den Metzger des Vertrauens darum bitten: schnüren und die Oberfläche mit Salz und Pfeffer würzen. Den Ofen auf 200 °C vorheizen. In einer tiefen Stahlpfanne 2 EL Öl erhitzen. Den Braten darin bei hoher Temperatur auf jeder Seite 2–3 Minuten lang anbraten. Danach den Weißwein angießen, verdampfen lassen und das Fleisch in eine ofenfeste Kasserolle legen.

Die Kartoffeln schälen und im Ganzen um den Braten legen, die Rosmarinzweige und den ungeschälten Knoblauch sowie das restliche Öl und den Bratensaft aus der Pfanne dazugeben. Leicht salzen und für 35–40 Minuten in den Ofen schieben. Den Braten immer wieder mit dem Bratensaft begießen. Sollte er zu dunkel werden, ihn mit Alufolie bedecken.

Aus dem Ofen nehmen und zum Servieren in dicke Scheiben schneiden. Die Kartoffeln als Beilage dazu reichen. Dazu passt ein guter Rotwein.

SAN FILIPPO
LE LUCÉRE
RISERVA 2006

FILETTO DI MANZO AL ROSSO DI MONTALCINO

RINDERFILET MIT ROTWEIN AUS MONTALCINO

Dies ist ein Rezept für besondere Gelegenheiten. Man braucht ein qualitativ hochwertiges Filet. Die Zwiebeln aus Tropea sollten im besten Balsamicoessig karamellisiert werden, und das Fleisch wird mit einem Glas des Rotweins aus Montalcino gegart, der bei Tisch zu diesem Essen getrunken wird. Bereiten Sie das Rezept für ein romantisches Abendessen zu zweit zu und Sie werden sehen – das ist das Paradies auf dem Teller ...

FÜR 2 PERSONEN

2 rote Zwiebeln (aus Tropea)
10 g Butter
1 EL weißer Rohrzucker
1 EL Balsamicoessig aus Modena
grobes Meersalz
1 EL Olivenöl extra vergine
+ etwas mehr zum Servieren
300 g Filet in einem Stück
frisch gemahlener schwarzer Pfeffer
½ Glas Rotwein aus Montalcino

Zuerst die Zwiebeln schälen, in feine Würfel schneiden, dann mit 2 EL Wasser, der Butter, dem Zucker und dem Balsamico in einen kleinen Topf geben. Den Deckel auflegen und bei schwacher Hitze 30 Minuten köcheln lassen, falls nötig noch ein wenig Wasser hinzufügen. Dann salzen und zugedeckt beiseitestellen, damit es nicht austrocknet.

Den Ofen auf 180 °C vorheizen. Olivenöl in einer ofenfesten Pfanne erhitzen. Das Filet von allen Seiten salzen und leicht pfeffern. In die heiße Pfanne legen und bei hoher Hitze auf jeder Seite jeweils etwa 2 Minuten lang anbraten, dann den Rotwein angießen, verdampfen lassen und die Pfanne in den heißen Ofen stellen.

Das Filet 7 Minuten garen – es sollte innen noch leicht blutig sein. Das Fleisch danach herausnehmen, 2 Minuten ruhen lassen und mit einem scharfen Messer in Scheiben schneiden.

Mit etwas grobem Salz bestreuen und mit dem Bratensaft aus der Pfanne beträufeln. Die Zwiebeln dazu reichen und zusätzliches Olivenöl auf den Tisch stellen.

STRACOTTO AL BRUNELLO DI MONTALCINO

RINDERSCHMORBRATEN MIT ROTWEIN AUS MONTALCINO

Dieses Gericht erfordert Mut, denn man opfert eine ganze Flasche Brunello für die Zubereitung. Es ist daher ein Mahl für besondere Gelegenheiten. Wir genießen es gern zum Abschluss der Weinlese. Zwischen den Hügeln des Montalcino ist es auch gar nicht schwer, eine gute Flasche Wein zu finden. Der Braten braucht Zeit, aber jede investierte Minute lohnt sich, denn das Ergebnis ist unvergleichlich zart und aromatisch.

FÜR 2 PERSONEN

1 Stück Rindfleisch, ca. 800–1000 g
750 ml Brunello di Montalcino
1 weiße Zwiebel
5 Gewürznelken
2 Karotten
3 Lorbeerblätter
5 schwarze Pfefferkörner
3 Stängel frische Petersilie
2 EL Olivenöl extra vergine
1 EL grobes Salz

Das Fleisch am besten am Abend vorher einlegen. Mit dem Wein in einen großen Edelstahltopf geben. Die Zwiebel schälen und mit den Nelken spicken. Die Karotten schälen und halbieren. Das Gemüse mit dem Lorbeer, den Pfefferkörnern sowie der Petersilie zum Fleisch geben. Den Topf zugedeckt über Nacht im Kühlschrank ziehen lassen.

Am folgenden Tag das Fleisch aus der Marinade heben. In einem Topf Olivenöl erhitzen und den Braten bei hoher Hitze etwa 6–7 Minuten darin anbraten, dabei öfter wenden, sodass er rundherum schön braun wird.

Dann den Wein vom Marinieren mit dem Gemüse hinzufügen, salzen und den Deckel auflegen. Sobald der Wein kocht, die Hitze reduzieren und das Fleisch bei kleiner Hitze etwa 2 Stunden schmoren lassen. Etwa alle 30 Minuten nachsehen, ob etwas Flüssigkeit zugefügt werden muss. Es sollte nicht nötig sein, falls aber doch, genügt ein halbes Glas Wasser.

Zum Ende der Garzeit das Fleisch herausnehmen – am besten mit einer Schaumkelle, denn es ist sehr weich. Den Braten auf ein Brett legen und kurz ruhen lassen. In dieser Zeit die Flüssigkeit abseihen, um den Pfeffer, die Nelken und den Lorbeer herauszufiltern. Etwas abkühlen lassen und mit dem Stabmixer zu einer Sauce pürieren. Wenn man mag, kann man davor einige Karottenstücke beiseitelegen und sie mit dem Fleisch zusammen servieren.

Den Braten mit einem scharfen Messer in Scheiben schneiden und auf einer Servierplatte anrichten. Etwas Sauce darübergeben, den Rest in einer Sauciere zum Fleisch reichen.

Florenz ist einfach unvergesslich, man kann einfach nicht anders, als sich in die Stadt zu verlieben, doch sie bricht jedem das Herz, der sie verlassen will. Man muss sich dieser Stadt einfach komplett hingeben.

KAPITEL 6

Fisch für ein Mittagessen im Sommer

BESONDERE FISCHGERICHTE

mit einem Glas Weißwein

Ich liebe das Meer, war jedoch nie verrückt nach Strand. Wenn ich die Wahl hätte zwischen einem Wald aus Schirmen am überfüllten Strand des mondänen Forte dei Marmi und den leeren, etwas wilderen Stränden der Maremma, wähle ich immer Letztere und lasse mich vom grünen, nach Pinien duftenden Hinterland verzaubern.

Als ich klein war, verbrachten wir die Sommerzeit am Meer und blieben ganze Tage am Strand, zumindest bis das Wochenende kam. Samstags und sonntags überließen wir ihn den Leuten aus Pisa, Florenz und Siena, die nach einer arbeitsreichen Woche ans Meer fuhren, um sich zu erholen. Unsere Großeltern unternahmen dann mit uns Spaziergänge im Landesinneren. Meine Oma nahm sich Campingklappstühle mit, setzte sich in den Kiefernwald und verbrachte die Zeit dort. Sie sammelte Pinienkerne oder Brombeeren, erfand Geschichten für uns, schloss Freundschaft mit ansässigen Landwirten und bewunderte Pferde. Ein wichtiger Teil des Tagesprogramms war natürlich das Picknick. Wenn wir hungrig wurden, kamen aus der Kühltasche wunderbare Dinge zum Vorschein, die wir zu Hause vorbereitet hatten und von den Erwachsenen zusammen mit einem Glas Wein genossen wurden. All dies entsprach genau dem Wesen unseres Urlaubs: Wir machten keinerlei Pläne. Seit ich erwachsen bin, sind die drei Sommermonate, die im Alter von zehn Jahren immer viel zu schnell vorbeigingen, eine wundervolle Entspannung, die dem Geist und dem Körper neue Kraft verleiht. Dafür brauche ich zwei Farben: das Blau des Meeres und das Grün der Natur. Von Argentario aus erkunde ich gerne die Grenzen der Region, überschreite die von Hügeln gesäumte Grenze zu Umbrien und fahre nach Todi oder Assisi. Manchmal fahre ich auch in das Dörfchen Marsciano, das am Fuße des Berges Vibiano liegt, der auch der dortigen Burg ihren Namen gibt. Auf dem Landgut der Familie Fasola Bologna herrscht eine außergewöhnlich ruhige

Kombinationsmöglichkeiten Bescheid wissen. Man fügt eine Knoblauchzehe hinzu, zwei Oliven, etwas Tomate und frische Petersilie – und schon verselbstständigt sich das Gericht. Im Schatten einer Veranda mit Meeresblick, genossen mit einem Becher Wein und einem Stück Brot, wird das Gericht zum perfekten Mittagessen. Die Zutaten lassen sich leichter als bei anderen Rezepten ersetzen, denn wie der Ausdruck „Fang des Tages" ja schon sagt, ist das Angebot nicht jeden Tag gleich. Von der bekannten Fischsuppe ebenso wie vom Meeresfrüchtesalat existieren daher Dutzende Varianten mit unterschiedlichen Zutaten. Kaufen Sie, was frisch ist, und scheuen Sie sich nicht zu fragen oder zu feilschen, denn das ist Teil des Fischmarkt-Erlebnisses.

Am allerwichtigsten ist zu lernen, wie man frischen Fisch erkennt: durch Anschauen, Riechen und – falls möglich – Berühren. Fischerboote, die am frühen Morgen im Hafen einlaufen, haben niemals Fisch an Bord, der nicht frisch ist. Muss man den Fisch jedoch im Laden kaufen, ist es nützlich, über einen kleinen Leitfaden zu verfügen. Das Auge eines Fischs muss glänzen und darf weder glasig noch eingesunken sein. Haut und Schuppen sollten eine lebendige, helle Farbe aufweisen. Die Kiemen sollten noch feucht und rötlich sein, während der Körper (falls es erlaubt ist, ihn zu berühren) sich fest anfühlen muss. Frischer Fisch riecht nach einem leichten Hauch von Meer, der sich nach und nach in einen recht starken Ammoniakgeruch verwandeln kann. Verströmt die Fischtheke schon von Weitem einen starken Geruch, kaufen Sie lieber woanders ein.

Einmal gekauft, sollte der Fisch am selben Tag zubereitet werden. Wenn Sie ihn aufbewahren müssen, legen Sie ihn in den Kühlschrank, und zwar in Papier und Tuch gewickelt, nicht in Plastik. Fisch ist ein köstliches Nahrungsmittel, aber auch eine optimale und gesunde Eiweißquelle, voller Vitamine und seltener Mineralien, darunter Phosphor, Jod und Magnesium. Der Sommer ist die geeignete Jahreszeit, um ihn frisch zu genießen – und vor Ort gekauft ist er deutlich günstiger als in der Stadt. Suchen Sie sich ein Rezept aus und bereiten Sie ein einzigartiges Gericht zu. Man braucht dafür weder großes Geschick noch viel Zeit, das kann ich Ihnen versichern.

ZUPPA DI VONGOLE E COZZE

SUPPE MIT VENUS- UND MIESMUSCHELN

Die schwarzen, glänzenden Schalen frischer Miesmuscheln sind fester Bestandteil des Sommers. Anfangs mag die Zubereitung dieser Weichtiere schwierig erscheinen, aber wenn man sie einmal gemacht hat, merkt man, dass es wirklich einfach ist und mit etwas Übung ganz schnell geht. Da Venus- und Miesmuscheln lebend verkauft werden, ist es wichtig, sie vor dem Kochen genau zu kontrollieren und alle auszusortieren, die den Transport nicht überlebt haben oder deren Schalen kaputtgegangen sind. Dann muss man sie gut waschen, um den Sand zu entfernen, der sich in ihrem Inneren ansammelt. Am besten geht das, wenn man die Muscheln für ein bis zwei Stunden in eine große Schüssel mit kaltem Wasser und Salz gibt, sodass sie sich ein wenig öffnen und den Sand freigeben. Sieht man nach einer Stunde noch sehr viel Sand, sollte man das Wasser wechseln – bei den heutigen Zuchtmuscheln ist das aber meist nicht nötig.

FÜR 4 PERSONEN

½ Zwiebel
1 frische rote Chilischote
4 EL Olivenöl extra vergine
7–8 schwarze Pfefferkörner
500 g Miesmuscheln
500 g echte Venusmuscheln
½ Glas trockener Weißwein
500 ml leichte Gemüse- oder Fischbrühe
1 Stängel frische Petersilie

Die Zwiebel schälen und in feine Würfel schneiden. Die Chilischote in Scheiben schneiden und eventuell einen Teil der Kerne entfernen, damit es nicht zu scharf wird. Das Olivenöl in einer Pfanne erhitzen und die Zwiebelwürfel, die Chili und die ganzen Pfefferkörner darin etwa 3–4 Minuten dünsten, dann zur Seite stellen.

Die Miesmuscheln unter fließendem kalten Wasser abspülen, dabei die Schale gut mit einem Messer abkratzen und den Bart entfernen, der an einer Seite herauswächst. Zusammen mit den Venusmuscheln in einen tiefen Topf geben, den Weißwein angießen und einen gut sitzenden Deckel auflegen. 2–3 Minuten erhitzen, bis die Muscheln sich öffnen. Diejenigen entsorgen, die geschlossen bleiben, und die Kochflüssigkeit mit Gaze oder einem sehr feinen Sieb filtern, um eventuelle Unreinheiten aufzufangen. Die Muscheln und die Flüssigkeit in die Pfanne mit dem Öl geben, umrühren und zugedeckt lassen.

In der Zwischenzeit die Brühe erhitzen und die Petersilie hacken. Die Muscheln in eine Suppenschüssel füllen, mit der heißen Brühe übergießen und mit Petersilie bestreuen. Mit kleinen Tellern servieren, auf die jeder seine leeren Schalen legen kann.

LINGUINE ALLE ARSELLE

LINGUINE MIT TELLMUSCHELN

Tellmuscheln werden häufig mit Venusmuscheln verwechselt, sind jedoch viel zarter im Geschmack und haben weniger Muskelfleisch in ihren unsymmetrischen, zart gestreiften Schalen, die von grau bis elfenbeinfarben changieren. Sie leben auf sandigem Grund, weswegen man sie vor dem Zubereiten für mindestens eine Stunde in Salzwasser legen sollte und damit rechnen sollte, es noch einmal wechseln zu müssen – ansonsten könnte es schnell zwischen den Zähnen knirschen. Im Sommer ist dieses Rezept entlang der tyrrhenischen Toskanaküste ein klassisches Mittagessen. Unter den Säulengängen von Forte dei Marmi bis Marina di Pisa sind diese Linguine neben Spaghetti mit Meeresfrüchten der beliebteste erste Gang.

FÜR 4 PERSONEN

500 g Tellmuscheln
Salz
1 Knoblauchzehe
6 EL Olivenöl extra vergine
1 kleine getrocknete rote Chilischote
½ Glas Weißwein
320 g Linguine
frisch gemahlener Pfeffer
1 Stängel frische Petersilie, gehackt

Einige Stunden vor dem Essen die Tellmuscheln in kaltes Salzwasser legen und sie so von störenden Sandkörnern befreien. Dann in einem großen Topf Salzwasser zum Kochen bringen. In der Zwischenzeit den Knoblauch schälen und mit 2 EL Öl und der Chili in eine Pfanne geben. Wenn es schärfer sein soll, die Chilischote zerbröseln, ansonsten die Chili ganz lassen und vor dem Servieren daran denken, sie zu entfernen.

Das Olivenöl in der Pfanne bei geringer Hitze 2–3 Minuten heiß werden lassen, dann die Muscheln dazugeben, den Wein angießen und alles bei geschlossenem Deckel 2 Minuten kochen lassen, bis die Muscheln sich öffnen. Zugedeckt lassen und die Nudeln zubereiten. Im kochenden Wasser 8–10 Minuten oder nach Packungsanweisung kochen.

Die Linguine abgießen, wenn sie al dente sind, in die Pfanne zu den Muscheln geben und gut mischen. Dabei den Knoblauch und die Chilischote herausfischen. Etwas Salz, Pfeffer, das restliche Olivenöl sowie die gehackte Petersilie darüber verteilen und sofort servieren.

BACCALÀ FRITTO CON I CECI

GEBRATENER STOCKFISCH MIT KICHERERBSEN

Stockfisch ist gesalzener Kabeljau, und in der Toskana, vor allem in Livorno, weitverbreitet. Er ist preiswert und durch das Salz lange haltbar. Die „alla livornese" genannte Version wird mit Tomate und Knoblauch zubereitet, aber das „weiße" Rezept ohne Tomate und mit kurz gebratenem Fisch ist ebenso lecker. Ich finde, es passt besser zum Sommer. Das Rezept setzt gute Planung voraus, denn sowohl die Kichererbsen als auch der Fisch müssen eingeweicht werden – idealerweise am Vorabend, wenn man sie mittags servieren möchte. Der Stockfisch kommt viele Stunden lang in kaltes Wasser, damit er Salz verliert: 18–24 Stunden bei häufigem Wasserwechsel sollten es schon sein. Heute findet man im Handel auch Stockfisch, der bereits entsalzt und eingeweicht wurde und somit sicher die praktischere Lösung dieser traditionellen und preiswerten Zutat ist – wenn auch weniger authentisch.

FÜR 4 PERSONEN

250 g getrocknete Kichererbsen
600 g Stockfisch
Salz
2 EL Mehl
6 EL Olivenöl extra vergine
1 Zweig frischer Rosmarin
frisch gemahlener schwarzer Pfeffer

Die Kichererbsen und den Stockfisch spätestens am Abend vor dem Kochen einweichen. Beim Stockfisch das Wasser öfter wechseln. Zur Zubereitung am folgenden Tag einen Topf mit kaltem Wasser und 1 TL Salz aufsetzen und zum Kochen bringen. Darin die eingeweichten Kichererbsen 45–60 Minuten kochen lassen (30–35 Minuten bei Verwendung eines Dampfkochtopfs), dann abgießen und für später beiseitestellen.

Den Stockfisch abspülen, mit Küchenpapier trocken tupfen und leicht in Mehl wenden. 3 EL Öl mit dem Rosmarinzweig in einer tiefen Pfanne erhitzen, den Fisch hineinlegen und auf jeder Seite 3–4 Minuten braten (je nach Dicke der Filets). Nicht salzen, aber nach dem Braten mit etwas Pfeffer würzen. Den Fisch aus der Pfanne nehmen, diese aber auf dem Herd lassen und die restlichen 3 EL Öl sowie die Kichererbsen hineingeben, falls nötig etwas salzen und 2 Minuten lang sautieren, bis sie Aroma bekommen. Den Fisch mit den Kichererbsen zusammen anrichten – fertig ist ein perfektes Gericht für einen Sommertag.

SPAGHETTI ALLO SCOGLIO

SPAGHETTI MIT MEERESFRÜCHTEN

Für uns Italiener ist es ein schmackhaftes Pastagericht mit Meeresfrüchten. Für viele, die im Sommer von außerhalb in die Toskana kommen, ist dieses Gericht das Erste, was sie bestellen, um so richtig Urlaubslaune aufkommen zu lassen. Nach allen Regeln der Kunst zubereitet kann diese Pasta-Variation ein wahres Meisterwerk sein, oft findet man leider wenig authentische Versionen mit zu weich gekochten Nudeln und Tiefkühlware. Investiert man in eine hochwertige Packung Spaghetti aus Hartweizengrieß, frische Meeresfrüchte und hochwertiges Olivenöl, ist der Rest aber eigentlich ganz einfach. Das folgende Rezept habe ich nach jahrelangen Kostproben entlang der toskanischen Küste und anderswo perfektioniert.

FÜR 6 PERSONEN

250 g Miesmuscheln
250 g echte Venusmuscheln
Salz
50 ml trockener Weißwein
4–5 kleine Tintenfische, ausgenommen und gesäubert
12 kleine Scampi
50 ml Olivenöl extra vergine
3 Knoblauchzehen
300 g Kirschtomaten
frisch gemahlener Pfeffer
350 g Spaghetti aus Hartweizengrieß
1 Stängel frische Petersilie

Die Miesmuscheln und Venusmuscheln putzen. Dafür die Muscheln für einige Stunden in kaltes Wasser mit 1 EL Salz legen, dann unter fließendem Wasser gut abspülen und Exemplare mit kaputter Schale aussortieren. Die Schale der Miesmuscheln mit einem kleinen Messer sauber kratzen und den Bart an der Seite entfernen. Die Muscheln mit dem Weißwein in einen Topf geben und den Deckel auflegen, dann bei mittlerer Hitze 2–3 Minuten kochen, bis die Schalen sich öffnen. Diejenigen, die geschlossen bleiben, aussortieren und die übrigen zur Seite stellen. Die Kochflüssigkeit filtern, sie wird später für die Pasta verwendet.

Die Tintenfische waschen und in Stücke schneiden, die Scampi schälen und mit einem scharfen Messer den schwarzen Faden entfernen, der entlang der Rückseite verläuft. 3 EL Öl mit dem geschälten und zerdrückten Knoblauch in einer tiefen Pfanne erhitzen und 2 Minuten anschwitzen lassen, dann den Tintenfisch sowie 2 EL Wasser dazugeben und zugedeckt etwa 15 Minuten kochen lassen. Die Tomaten halbieren und mit den Scampi hinzufügen, umrühren und weitere 3 Minuten garen. Mit Salz und Pfeffer abschmecken.

Die Spaghetti nach Packungsanweisung al dente kochen, abgießen und in den Topf zurückgeben. Das restliche Öl, die Meeresfrüchte samt Kochflüssigkeit und die gehackte Petersilie unter die Pasta mischen und sofort servieren.

INSALATA DI SEDANO E MAZZANCOLLE

STAUDENSELLERIESALAT MIT GARNELEN

Dieses Gericht ist eines meiner liebsten. Ich bereite es gerne zu, wenn ich allein zu Mittag esse – mit einem Glas gekühltem Rosé oder einem italienischen Bier und selbst gebackenem Brot. Perfekt wäre es auf einer schattigen Terrasse mit Meeresblick, doch auch in der Stadt hat es seinen Reiz: Es gibt mir das Gefühl, im Urlaub zu sein, und ist die wirksamste Methode, um am Wochenende abzuschalten, wenn draußen die Sonne scheint und die richtigen Ferien nicht mehr weit weg erscheinen. Ich finde, allein in der Küche stehend ein Brötchen zu essen ist eine sehr traurige Angelegenheit. Dieser Salat mit Garnelen ist ein Anfang, um mir etwas Gutes zu tun und meinen Tag zu verschönern. Um es richtig genießen zu können, sollte auch die Tischkulisse Urlaub versprechen: Azurblau ist die ideale Farbe dafür! Wenn ich sehr hungrig bin, mache ich mir statt Brot einen Topf Carnaroli- oder Basmati-Reis dazu, den ich einfach in Salzwasser koche und mit ein wenig Olivenöl anmache.

FÜR 1 PERSON

4 Stangen Staudensellerie
4–5 Radieschen
Saft einer ½ Zitrone
3 EL Olivenöl extra vergine
Salz, frisch gemahlener schwarzer Pfeffer
10–12 kleine Garnelen
¼ TL Chilipulver
ein sonniger Tag (je nach Verfügbarkeit)

Den Staudensellerie und die Radieschen waschen und in Scheiben schneiden. Auf einen Teller geben und mit Zitronensaft und 2 EL Olivenöl beträufeln, salzen und pfeffern.

Die Garnelen schälen, Beine und Kopf entfernen sowie den schwarzen Faden am Rücken. Das übrige Öl in einem Wok oder einer tiefen Pfanne erhitzen, die Garnelen hineingeben und mit etwas Salz und Chili würzen. 3 Minuten braten lassen und dabei schwenken, bis sie rosafarben und glasig sind. Herausnehmen und mit dem Öl aus der Pfanne über das Gemüse geben. Sich dann an einem schönen Ort – am besten draußen – entspannt hinsetzen und den Salat genießen, solange er noch lauwarm ist.

SPIGOLA AL FORNO

WOLFSBARSCH AUS DEM OFEN

Mit diesem Gericht bin ich groß geworden. Meine Mama hat es, eigentlich solange ich mich erinnern kann und zu Hause wohnte, oft am Sonntag zubereitet. Seit ich verheiratet bin, schlägt sie das Gericht zugegebenermaßen etwas weniger häufig vor, aber es ist immer noch ihr liebster Sonntagsbraten. „Spigola“ ist der toskanische Ausdruck für Wolfsbarsch, der im Italienischen eigentlich „il branzino“ heißt. Suchen Sie einen Fisch mit einem Gewicht von ungefähr 1,8 kg aus, um ihn problemlos im Ofen zubereiten zu können.

FÜR 4 PERSONEN

1 frischer Wolfsbarsch, ca. 1,8 kg
1 Zweig frischer Rosmarin
Salz und frisch gemahlener schwarzer Pfeffer
½ Zitrone
20 schwarze Oliven
300 g reife kleine Rispentomaten
2 Knoblauchzehen
5–6 EL Olivenöl extra vergine

Bitten Sie den Fischhändler, den Fisch für Sie auszunehmen und zu schuppen. Es ist nicht schwierig, aber es ist praktischer, es jemanden mit entsprechendem Werkzeug machen zu lassen, und es liegen hinterher nicht überall Schuppen in Ihrer Küche verstreut.

Den Ofen auf 180 °C vorheizen. Den Fisch in eine Ofenform legen, Rosmarin, etwas Salz und Pfeffer, die halbe Zitrone und die ungeschälten Knoblauchzehen in die Bauchhöhle geben. Die schwarzen Oliven und die Tomaten um den Fisch herum verteilen. Wenn man mag, kann man die Tomaten dabei am Zweig lassen. Fisch und Tomaten mit 2 EL Öl beträufeln und leicht salzen. Für 25–30 Minuten in den Ofen schieben, bis das Fleisch weiß und glasig ist, wenn man mit einer Messerspitze die Haut etwas wegschiebt.

Den Fisch aus dem Ofen nehmen und Kopf und Schwanz entfernen. Dann die Haut mit einer Gabel und einem Löffel abziehen (wenn der Fisch richtig gar ist, geht das ganz leicht). Den Wolfsbarsch mit den Tomaten und Oliven servieren und mit dem restlichen Öl beträufeln. Man sollte kein weiteres Salz benötigen, denn Wolfsbarsch schmeckt recht stark nach Meer, aber wenn man Gäste hat, kann man separat welches anbieten.

CACCIUCCO DELLA ZIA NANDA

TANTE NANDAS FISCHSUPPE

Dieses Rezept ist kein livornesisches Original, sondern eine Variante meiner Großtante Fernanda, genannt Nanda. Unter allen Tanten, war sie die, die in der gesamten Familie für ihr goldenes Händchen beim Kochen bekannt war.

FÜR 4–6 PERSONEN

5 ELOlivenöl extra vergine
1 Zwiebel, 1 Karotte und
1 Stange Staudensellerie
3 schwarze Pfefferkörner
1 kleiner Tintenfisch, geputzt
Salz
1 kleines Hühnchen, küchenfertig
3 Seebarben, küchenfertig
300 g Miesmuscheln, geputzt
300 g echte Venusmuscheln
½ Glas trockener Weißwein
12 Scampi, geschält
300 g abgetropfte geschälte Dosentomaten
frisch gemahlerner schwarzer Pfeffer
6 Rotbarschfilets
1 Stängel frische Petersilie
geröstetes Brot als Beilage

Eine Fischsuppe macht viel Mühe. Am besten kauft man bereits geputzten Fisch beim Fischhändler, um Zeit zu sparen. Einen großen Topf mit 3 EL Öl aufsetzen und die geschälte und geviertelte Zwiebel, die geschälte Karotte, den Sellerie sowie drei schwarze Pfefferkörner hineingeben. Auf mittlerer Stufe erhitzen, umrühren und dann den Tintenfisch hinzugeben und 3 Minuten mitkochen lassen. Mit Wasser auffüllen und 1 TL Salz, das Hühnchen sowie die Seebarben dazugeben. Zum Kochen bringen und 1 Stunde köcheln lassen, dann in der Brühe 30 Minuten abkühlen lassen. Hühnchen und Fisch herausnehmen und in mundgerechte Stücke schneiden. Die Venusmuscheln und Miesmuscheln in eine tiefe Pfanne geben, mit dem Wein begießen und zugedeckt 3 Minuten kochen. Die Muscheln aussortieren, die danach noch geschlossen sind, die Flüssigkeit filtern und beiseitestellen. In der gleichen Pfanne 2 EL Öl erhitzen, die Scampi darin braten und die geschälten Dosentomaten dazugeben. Salzen und pfeffern, die Scampi herausnehmen und die Rotbarschfilets in die Sauce legen. Hitze reduzieren und weitere 5 Minuten köcheln lassen.

Die Muscheln mit ihrer Flüssigkeit in eine große Suppenschüssel geben, dann alle in der Tomatensauce gegarten Fische und Meeresfrüchte samt verbleibender Sauce und dem klein geschnittenen Tintenfisch, der Seebarbe sowie dem Huhn hinzufügen. Die Brühe filtern und das Würzgemüse in einen Mixer füllen. Die Brühe in einem Topf separat erwärmen. Das Gemüse pürieren und in die Suppenschüssel geben. Die Fische mit Brühe bedecken. Mit frischer gehackter Petersilie bestreuen und mit geröstetem Brot heiß servieren.

TRIGLIE AL POMODORO

SEEBARBE MIT TOMATENSAUCE

Seebarben sind viel aromatischer als ihre Verwandten, die Rotbarben, und haben ein hochwertigeres Fleisch, auch wenn es mehr Gräten enthält. Kontrollieren Sie beim Kauf die Farbe der gestreiften Rückenflosse. Ist die Seebarbe frisch und gerade erst gefangen, hat sie eine leicht grünliche Nuance, die sich mehr und mehr verliert, je länger der Fisch beim Händler liegt. Die Gräten sind recht unangenehm. Wenn man den Fisch im Ganzen zubereitet, filetiert man ihn am besten sorgfältig vor dem Servieren. In vielen Restaurants und auch in vielen Familien werden die ganzen Seebarben samt Kopf serviert und jeder filetiert sie sich selbst. Ich persönlich empfehle das jedoch nicht. Vor allem wenn Kinder am Tisch sind, sollte man hier aufpassen.

FÜR 4 PERSONEN

8 Seebarben (alternativ Seebarbenfilets)
1 Karotte
1 Stange Staudensellerie
2 Knoblauchzehen
4 EL Olivenöl extra vergine
400 g geschälte Birnentomaten aus der Dose (alternativ Kirschtomaten)
1 getrocknete rote Chilischote
feines Salz

Zunächst die Fische säubern, sofern das nicht schon der Fischhändler getan hat. Dafür die Köpfe und Schwänze abschneiden und die Fische ausnehmen.

Die Karotte schälen und in Würfel schneiden. Den Staudensellerie waschen und so groß würfeln wie die Karotte. Die Knoblauchzehen schälen. In einer Pfanne das Öl erhitzen und die Karotte, den Sellerie und den Knoblauch etwa 3–5 Minuten darin anbraten. Das Gemüse sollte anbräunen, aber nicht zu dunkel werden – also auf niedrige Temperatur stellen. Die abgetropften geschälten Dosentomaten und die Chili dazugeben, leicht salzen und umrühren. Die Sauce anschließend etwa 2 Minuten kochen lassen. Die Seebarben hinzufügen und weitere 7 Minuten garen, die Filets sind nach etwa 4–5 Minuten gar. Zudecken und die Hitze reduzieren, sodass sie nicht austrocknen.

Die fertigen Fische auf Teller verteilen, mit der Tomatensauce bedecken und mit frischem Brot servieren, um Saucenreste aufsaugen zu können.

Sommer ist für mich

ein Strandbesuch am frühen Morgen, ein Bad in aller Stille, bevor die Welt erwacht – und danach ein Essen mit frischem Fisch und einem Glas Weißwein, bevor ich mich im Schatten zwischen den Seiten eines guten Buches verliere.

KAPITEL 7

Gemüse als Beilage

EIN BUMMEL ÜBER DEN MARKT

zum Schauen, Riechen und Probieren

Der Markt von Sant´Ambrogio in Florenz beginnt um sieben Uhr morgens. Der gesamte Bereich um Santa Croce gerät in Aufruhr. Stände werden aufgestellt, Leute reden quer über die Straße miteinander, Vespas von kleineren Lieferanten parken überall vor den Bars der Piazza Ghiberti. Während man darauf wartet, dass der Tag richtig beginnt, blättert man durch die Zeitung und trinkt dabei einen ersten Kaffee, dazu etwas Gebäck oder ein klassisches Croissant. Die beste Zeit zum Einkaufen unter dem Portikus des Marktes, wo es Obst und Gemüse gibt, ist morgens gegen acht Uhr, wenn noch keine Touristen da sind und man mit den Händlern und Produzenten in aller Ruhe ein paar Worte wechseln kann. Wer hier arbeitet, kennt seine angebotenen Produkte genau und weicht genaueren Nachfragen sicher nicht aus. Man bekommt Tipps, wie bestimmte Tomaten angebaut werden, und bekommt die beste Zubereitungsart für florentinische Bohnen erklärt. Andere wollen sich gerne über Politik, Frauen oder Familie unterhalten, und jedes Thema kommt gerade recht, um ein nettes Gespräch zu beginnen. Alle Unterhaltungen sind stark geprägt von florentinischen Füllwörtern, toskanischem Akzent, Gesten, Blicken und Scherzen. Toskaner sind wunderbar offene, zwanglose und herzliche Menschen, und der Markt ist der perfekte Ort, um jene Offenheit zu erleben, die ausnahmslos jedem entgegengebracht wird – Italienern genauso wie Fremden.

Auf dem Markt einzukaufen gefällt mir aus verschiedenen Gründen. Zuallererst findet er draußen statt und vermittelt mir daher ein Gefühl von Freiheit, wie Geschäfte oder Supermärkte es niemals könnten. Die Waren im Tageslicht zu betrachten ist etwas völlig anderes! Die Farben sind echter und die Gerüche lebendiger. Außerdem ist der Markt eine unerschöpfliche Quelle verschiedener Produkte und Preise – man kann dort schauen, probieren, bewerten und schließlich eine Auswahl treffen. Ich liebe es,

PORCINI
13,00 Kg

Tomaten, Aprikosen oder ein Stückchen reifen Käse zu probieren, die mir angeboten werden, und lasse mich zwischen den Gemüseständen treiben, wo ich an Steinpilzen rieche und Gemüse in der Hand wiege, das später in meiner Salatschüssel landet. Am Ende bin ich beladen mit Papiertüten, die ich in eine Tasche gestopft nach Hause trage.

In der Toskana ist es nicht schwer, Märkte mit hochwertigen und preiswerten Produkten zu finden. Die florentinischen Märkte mussten sich zwar ein wenig dem Tourismus anpassen, aber in den Dörfern außerhalb der Stadt findet man meist authentische Märkte, die sich in den letzten 50 Jahren nicht sonderlich verändert haben. Am allerbesten fährt man mit Vespa und einer Stofftasche ausgerüstet umher und hält dann irgendwo an, um einzukaufen, aber Fahrräder oder die typischen kleinen Autos (man trifft hier oft auf Oldtimer) leisten ebenso gute Dienste.

Auf dem Markt erstaunt mich immer wieder die große Vielfalt an Gemüsesorten, die in der Toskana wachsen und zum Großteil von Hügeln aus der Umgebung stammen. Von großen Gurken bis hin zu Kräutern in Töpfchen bekommt man einfach alles, was man für die Zubereitung einer guten Mahlzeit braucht – und mehr. Lange bevor kurze Lieferwege Mode wurden, wussten unsere Großmütter, dass man aus regionalen und saisonalen Produkten die schmackhaftesten Gerichte zubereiten kann. Oft musste man nicht einmal kochen, sondern schnitt einfach eine Tomate auf, gab Gurken- und Zwiebelscheiben dazu und verfeinerte alles mit Olivenöl und etwas Salz. Die Marktphilosophie ist heute dieselbe wie früher: saisonale Produkte anbieten, die auf möglichst kurzen Wegen von den Feldern zu den Marktständen gelangen und unseren traditionellen Gerichten ihren außergewöhnlichen Geschmack verleihen.

In diesem Kapitel verwende ich Gemüse als Beilage. Oft kann man dasselbe Rezept aber auch als Nudelsauce verwenden oder – warum auch nicht? – als Brötchenbelag. Resteverwertung ist ein zentrales Element der bäuerlichen Küche, auf das wir uns zurückbesinnen sollten, um unsere Lebensweise zu verfeinern und weniger wertvolle Lebensmittel zu verschwenden.

INSALATA DI OVOLI E PORCINI

SALAT AUS ROHEN PILZEN

In meiner Kindheit wäre keinem in meiner Familie jemals eingefallen, in ein Geschäft zu gehen und dort teure Pilze wie etwa Kaiserlinge zu kaufen. Solche Kostbarkeiten sammelte man im Wald, und es gab zwei zuverlässige Anzeichen dafür, dass ihre Saison begonnen hatte: Mein Opa verließ in Stiefeln und mit Korb ausgerüstet im Morgengrauen das Haus, um vor den anderen Dorfbewohnern auf die Suche zu gehen. Beim Abendessen lagen die Pilze dann schon als ein köstliches Gericht, als roher Pilzsalat, auf unseren Tellern.
Heute ist es deutlich schwieriger Kaiserlinge zu finden, aber mindestens einmal im Jahr hat mein Opa immer noch Glück. Oft macht er sich auf die Suche nach „amanita caesarea", dem nach Kaiser Augustus benannten Pilz. Das Ergebnis dieser Waldspaziergänge ist ein außergewöhnlich guter und zarter Salat – eine raffinierte und elegante Beilage.

FÜR 4 PERSONEN

2 frische Kaiserlinge
2 kleine, feste Steinpilze
Späne von Parmesan Reggiano
4 EL Olivenöl extra vergine
Saft einer ½ Zitrone
Salz und frisch gemahlener schwarzer Pfeffer

Die alten Römer nannten den Kaiserling „Speise der Götter", und ich glaube, das liegt an der Überraschung, die man erlebt, wenn man diesen weißen, samtigen, eiförmigen Pilz aufschneidet und sein gelbes, weiches und duftendes Inneres enthüllt. Man sammelt die Kaiserlinge am besten, wenn ihre Hüte sich noch nicht geöffnet haben und ihr Fleisch besonders aromatisch duftet. Die Pilze sollten beim Waschen nicht in Wasser liegen, denn das würde sie verderben. Ich spüle sie nur für ein paar Sekunden unter fließendem Wasser ab und trockne sie mit Küchenpapier ab, wobei ich die Erde mit leichtem Druck abwische. Bei Steinpilzen sollte man darauf achten, dass sich unter den Schirmen ein wenig Erde verstecken könnte. Den Stiel an der Stelle abschneiden, wo sich seine Farbe ändert und die Basis hölzern wird.

Sind die Pilze einmal geputzt, muss man sie nur noch mit einem scharfen Messer in Scheiben schneiden, auf einem Teller verteilen und mit den frischen Parmesanspänen bestreuen. Zum Schluss das Dressing zubereiten. Olivenöl und Zitronensaft mischen, die Sauce kurz vor dem Servieren über den Salat geben und ein wenig Salz und gemahlenen Pfeffer darüberstreuen. Dieser Salat schmeckt wirklich göttlich.

PORCINI ALL'AGLIO CON PANCETTA

STEINPILZE MIT KNOBLAUCH UND SPECK

Dieses Gericht ist ein echter Alleskönner: Es passt gut zu selbst gemachten Eier-Tagliatelle, ist eine schöne Beilage zu einem Stück gegrilltem Fleisch. Mit frisch gebackenem Brot sowie einem pochierten Ei eignet es sich auch als schnelles Mittagessen für Genießer. Es erstaunt Sie vielleicht, dass man für ein informelles Mittagessen in der Küche teure Steinpilze verwendet. Dazu sollte man wissen, dass man in einem toskanischen Garten fast über diese wunderbaren Naturwunder stolpert, so viele gibt es dort. Falls man keine frischen Steinpilze bekommt, kann man natürlich auch getrocknete nehmen wie in meiner Version. Knoblauch, Pilze und Petersilie sind eine klassische Kombination, die in jede Jahreszeit passt – ich mag dieses Gericht jedoch im Spätsommer am liebsten, wenn der köstliche Geruch der frischen Pilze den ganzen Raum erfüllt und sich mit dem Duft des in der Pfanne gedünsteten Knoblauchs vermischt.

FÜR 2 PERSONEN

2 große, frische Champignons
30 g getrocknete Steinpilze
50 g Speck, in einer Scheibe
3 EL Olivenöl extra vergine
1 Knoblauchzehe
Salz
1 Stängel frische Petersilie
frisch gemahlener schwarzer Pfeffer

Die Champignons putzen und in etwa 4 mm dicke Scheiben schneiden. Die getrockneten Steinpilze 15 Minuten in heißem Wasser einweichen, dann gut ausdrücken und, wenn sie sehr groß sind, in Stückchen schneiden. Den Speck von Knorpeln befreien und in feine Streifen schneiden. Beide Pilzsorten mit Öl, dem geschälten Knoblauch und dem Speck in eine Pfanne geben. Bei starker Hitze 5–7 Minuten unter Schwenken dünsten, bis die Pilze weich sind und der Speck geröstet ist. Dann etwas salzen, aber nicht zu viel, denn der Speck ist schon salzig und sein ausgelassenes Fett gibt seine Würze an die Pilze ab. Den Knoblauch herausnehmen und die Pilze mit frischer, gehackter Petersilie und etwas Pfeffer bestreut servieren.

Fattoria Dianella
OLIO
EXTRAVERGINE
DI OLIVA
Prodotto e Confezionato da
Fattoria Dianella
di Veronica Passerin d'Entrèves
Vinci - Italia

INSALATA TIEPIDA DI CANNELLINI

LAUWARMER SALAT AUS KLEINEN WEISSEN BOHNEN

Nur in der Toskana findet man frische kleine weiße Bohnen – im ganzen übrigen Italien und weltweit gibt es sie nur getrocknet, und man muss sie vor dem Kochen einweichen. Wenn Sie die Chance haben und an einem Marktstand feine gelb-grüne Schoten sehen, kaufen Sie ein Kilo und bereiten Sie dieses Rezept zu – dann wird es noch besser. Aber auch mit getrockneten Bohnen ist es einfach, köstlich und eine passende Beilage für viele Fleisch- oder Fischgerichte.

FÜR 4–6 PERSONEN

250 g getrocknete weiße Bohnen
4 EL Olivenöl extra vergine
3 Knoblauchzehen
1 Bund frischer Salbei
Salz und frisch gemahlener schwarzer Pfeffer

Die weißen Bohnen in eine große Schüssel geben und mit kaltem Wasser bedecken. Über Nacht oder mindestens 6–8 Stunden einweichen lassen, dann abgießen und abspülen.

In einem Topf 1 EL Olivenöl mit den geschälten und zerdrückten Knoblauchzehen erhitzen. Wenn das Öl das Knoblaucharoma angenommen hat, die Flamme kleiner drehen und die Bohnen sowie den Salbei dazugeben. Gut umrühren und mit kaltem Wasser bedecken. Alles zum Kochen bringen, leicht salzen und bei geringer Hitze 45 Minuten köcheln lassen, dabei die Oberfläche immer wieder abschäumen, um Verunreinigungen zu entfernen. Falls nötig, noch ein wenig Wasser hinzufügen.

Die Bohnen nach einer 45 Minuten probieren. Sind sie noch nicht richtig weich, die Kochzeit um weitere 10–15 Minuten verlängern. Wenn die Bohnen gut sind, beginnen sie auch bald auseinanderzufallen, man sollte sie also gut im Auge behalten. Den Topf vom Herd nehmen, die Bohnen mit Salz abschmecken und mit dem restlichen Olivenöl und frisch gemahlenem schwarzem Pfeffer würzen. Lauwarm servieren.

ASPARAGI AL PARMIGIANO

GRÜNER SPARGEL MIT PARMESAN

Im Frühling, wenn es keine Steinpilze gibt, lässt der Regen Spargel wachsen. Auch dieser ist für meinen Opa ein Anlass, allein durch Wiesen, Böschungen und jeglichen grünen Flecken zu spazieren, wo wilde Spargelpflanzen wachsen könnten. In der Toskana werden sie zu einem saftigen frittierten Gericht, das man „tortino" nennt. Die größten Stangen werden gekocht und mit Ei, Zitrone, Salz und Pfeffer serviert – manchmal auch mit etwas Parmesan oder Pecorino.

FÜR 2–3 PERSONEN

1 Bund dünner grüner Spargel, etwa 600 g
1 TL grobes Salz
½ Zitrone
3 EL Olivenöl extra vergine
Meersalz
2 EL frisch geriebener Parmesan

Die meisten Kochbücher empfehlen, Spargel in eigens dafür vorgesehenen tiefen Töpfen stehend zu kochen, sodass die Köpfe fast aus dem Wasser schauen. Ich habe solch einen Topf nie besessen und benutze stattdessen eine große, tiefe Pfanne, in die ich den Spargel flach hineinlege. Er ist in wenigen Minuten gar und ich finde diese Methode einfach und effizient.

Den Spargel waschen und das leicht holzige Ende abschneiden. Wenn der Spargel frisch ist, bricht er bei leichtem Druck mit der Hand fast von selbst. Eine Stahlpfanne zur Hälfte mit Wasser füllen, etwas grobes Salz dazugeben und zum Kochen bringen. Die Spargelstangen hineinlegen, sodass sie alle nebeneinander liegen und in eine Richtung zeigen. Bei schwacher Hitze etwa 4 Minuten kochen lassen, dann abgießen und sofort mit kaltem Wasser abspülen. In eine Schüssel mit Wasser und Eiswürfeln legen, um den Garprozess zu stoppen – etwa 3 Minuten sollten genügen.

Den Spargel auf Teller verteilen und mit einem Dressing aus Zitronensaft, Olivenöl und etwas Salz beträufeln und mit frisch geriebenem Parmesan anmachen.

Lang und warzig

wie die Finger einer alten Hexe: Schwarzwurzeln sind ein preiswertes Gemüse, das in der Toskana in einer Pfanne oder in Salzwasser zubereitet wird. Ihr leicht bitterer Geschmack ist unverwechselbar.

SCORZONERA IN PADELLA

GEDÜNSTETE SCHWARZWURZELN

FÜR 4 PERSONEN

4 Schwarzwurzeln
2 EL Olivenöl extra vergine
1 Knoblauchzehe
½ Zitrone
Salz in Flocken
frisch gemahlener schwarzer Pfeffer

Manche kochen Schwarzwurzeln, die es in Italien auch in einer weißen Variante gibt, ohne sie zu schälen, aber sie sehen besser aus, wenn man die Schale mit einem Gemüseschäler entfernt. Bei der klassischen schwarz-braunen Sorte sollte man in jedem Fall Gummihandschuhe dazu anziehen, den sie färben auch sehr stark auf die Hände ab.

Das Öl mit der Knoblauchzehe in einer Pfanne erhitzen, Schwarzwurzeln in Stücke schneiden und ins heiße Öl geben und 2–3 Minuten schwenken. Dann 1 EL Wasser dazugeben, den Deckel auflegen und etwa 10 Minuten dünsten lassen. Wenn die Wurzeln gar sind, den Zitronensaft darüberträufeln, mit Salz und Pfeffer würzen und lauwarm servieren.

PURÈ DI PATATE

KARTOFFELPÜREE

FÜR 4 PERSONEN

1 kg mehlige Kartoffeln
1 TL grobes Salz
150 ml Milch
feines Salz
30 ml Olivenöl extra vergine

Ich bereite Püree nicht auf die traditionelle Weise zu, aber das Ergebnis ist authentisch und urtümlich. Die Kartoffeln schälen, in Stücke schneiden und in einen Topf geben. Mit Wasser bedecken, das grobe Salz hinzugeben und 15 Minuten kochen, bis die Kartoffeln weich sind. Abgießen und zwei Mal durch die Kartoffelpresse drücken.

Die zerdrückten Kartoffeln mit der Milch in einen sauberen Topf geben, beides vermischen und 2–3 Minuten sanft erhitzen. Falls nötig mit dem feinen Salz abschmecken und das Öl hinzugeben. Gut verrühren und heiß servieren.

ZUCCHINE ALLA MENTA

ZUCCHINI MIT MINZE

Es gibt einen Moment, in dem die Zucchinipflanzen im Garten vor lauter großen, gelben und wunderschönen Blüten geradezu explodieren. Wie durch Magie scheinen sie sich alle in einer einzigen Nacht zu öffnen, als wollten sie verhindern, ausnahmslos gebraten zu werden. Ich pflücke Zucchini gerne frühmorgens, wenn das Blattgrün noch von nächtlichem Tau bedeckt ist und die Zucchini unter den großen Blättern der Pflanze hervorschauen, als suchten sie ein wenig wärmende Sonne. Sobald ich sie in meine Schüssel gelegt habe, pflücke ich noch einige Blättchen Minze und habe schon die halbe Arbeit erledigt.

FÜR 4 PERSONEN

5–6 grüne Zucchini
4 EL Olivenöl extra vergine
2 Knoblauchzehen
Salz und frisch gemahlener schwarzer Pfeffer
12–15 Blättchen frische Minze

Dieses Gemüsegericht passt sehr gut zu Fisch und hellem Fleisch. Es ist lecker, frisch und so leicht zuzubereiten, dass man gerne etwas mehr davon macht, um beispielsweise ein Pastagericht damit zu bereichern. Nehmen Sie grüne, knackige Zucchini, die nicht zu groß sind, denn sonst haben sie zu viele Kerne.

Den Ofen auf 200 °C vorheizen. Die Zucchini waschen, längs halbieren und dann in Stücke schneiden. Mit dem Öl in eine Auflaufform geben. Den ungeschälten Knoblauch etwas andrücken und zum Gemüse geben. Mit etwas Salz und Pfeffer würzen und auf die mittlere Schiene in den Ofen schieben. Etwa 10–12 Minuten garen lassen, zwischendurch die Form ein paar Mal rütteln, damit das Öl gleichmäßig verteilt wird.

Die Zucchini aus dem Ofen nehmen und mit den gewaschenen Minzblättchen bestreuen. Man kann das Gemüse warm oder kalt servieren.

RAPE E PATATE

RÜBEN MIT KARTOFFELN

Die runde, feminine Form und die saubere, helle Farbe der Rüben mochte ich schon immer gern. Mit ihren eleganten weißen oder violetten Hüllen scheint es unfassbar, dass sie unter der Erde wachsen. Ihr Geschmack kann recht fad oder ganz intensiv sein – das hängt von der Zubereitung ab. Anstatt sie stundenlang in einem großen Topf Minestrone kochen zu lassen, serviere ich sie lieber bissfest in der Pfanne geschwenkt und mit Salzflocken gewürzt, die im Mund knistern und dem samtweichen, herbstlichen Geschmack der Rüben schmeicheln. Wenn Sie ihren natürlichen Geschmack haben wollen, ist es besser, die Rüben im Dampf zu garen statt in viel kochendem Wasser. So bleiben auch ihre wertvollen Inhaltsstoffe besser erhalten – sonst hat man nur Ballaststoffe auf dem Teller.

FÜR 3–4 PERSONEN

4 Rüben
4 relativ große Kartoffeln
2 Knoblauchzehen
1 Bund frischer Salbei
4 EL Olivenöl extra vergine
Salz und frisch gemahlener schwarzer Pfeffer

Die Rüben unter fließendem Wasser waschen und schälen, falls die Schale sehr hart ist. Wenn sie zart ist, kann man sie auch dranlassen und die Rüben nur gut abschrubben, um Erdreste und Schmutz zu entfernen. Die grünen Stängel abschneiden, die Blätter kann man für ein anderes Rezept verwenden, wenn sie frisch sind.

Die Kartoffeln schälen, beide Gemüsesorten in gleich große Stücke schneiden und in einen Dämpfeinsatz geben (ich verwende den von meinem Dampfkochtopf). Das Gemüse zusammen einige Minuten garen, sodass es gerade weich ist. Normalerweise genügen im Dampfkochtopf 4 Minuten, im klassischen Topf mit Dämpfeinsatz etwa 8–9 Minuten.

Den Knoblauch schälen und den Salbei waschen und trocken schüteln. In einer tiefen Pfanne das Öl erhitzen, den Knoblauch und den Salbei hineingeben und die Rüben und Kartoffeln 4–5 Minuten darin schwenken. Nach Geschmack salzen und pfeffern und das Gemüse als Beilage zu Fleisch oder Geflügel servieren.

FINOCCHI AL TIMO

FENCHEL MIT THYMIAN

Wenn die grünen zarten Spitzen des Fenchels durch die kompakte Gartenerde brechen, beginnt der Countdown und es gilt, alle Knollen aus der Erde zu ziehen und in ihrer ganzen Frische zu genießen. Die saftigen, knackigen Schichten des Fenchels kann man sehr gut roh essen, nur mit etwas Salz und neuem Olivenöl verfeinert. Wenn der Fenchel jedoch größer und weniger frisch ist, ist es besser, ihn zu kochen. Das geht schnell und erfordert keine weiteren Kenntnisse. Man muss ihn lediglich vierteln und mit ein paar Gewürzen in den Ofen oder in eine Pfanne geben.

FÜR 2–3 PERSONEN

3 Fenchelknollen
4 EL Olivenöl extra vergine
Meersalz
1 Thymianzweig
schwarze Pfefferkörner

Den Ofen auf 200 °C vorheizen und eine Kasserolle aus Metall bereitstellen. Die Fenchelknollen halbieren und die Blätter abschneiden. Jede Hälfte, je nach Größe, in 2–3 Stücke schneiden. Gut unter fließendem Wasser waschen und auch die Erde zwischen den Schichten entfernen, dann den Fenchel in die Kasserolle geben.

Den Fenchel in die Kasserolle geben, mit Öl und Salz würzen, mit einigen Thymianblättchen bestreuen oder einen ganzen Zweig hineingeben, den man am Ende herausnimmt. 3–4 Pefferkörner im Mörser oder mit der Messerklinge auf einem Holzbrett zerstoßen und zum Fenchel geben. Gut schwenken und die Kasserolle in den Ofen schieben.

Bei Ober-/Unterhitze 15–18 Minuten im Ofen lassen, dann nachschauen: Der Fenchel sollte weich und an den Ecken ganz leicht angesengt sein. Will man den Rösteffekt verstärken, kann man den Ofen für die zweite Hälfte der Garzeit auf Umluft stellen.

Der Fenchel kann heiß oder auf Zimmertemperatur abgekühlt serviert werden. Man kann ihn auch einen Tag vorher zubereiten, ihn fast gar aus dem Ofen nehmen und ihn am nächsten Tag bei 200 °C in 3–4 Minuten fertig backen.

Erbsenschoten enthülsen

auf einem Stuhl im Hauseingang und mit viel Zeit für einen Plausch mit den Nachbarn – so gestaltete sich der Nachmittag meiner Oma in der Toskana.

SPINACI ALL'AGLIO

SPINAT MIT KNOBLAUCH

FÜR 2 PERSONEN

500 g frischer Spinat
3 EL Olivenöl extra vergine
1 Knoblauchzehe
Salz

Den Spinat gut waschen und die harten Stiele entfernen. Öl mit dem geschälten und zerdrückten Knoblauch in einer kleinen Pfanne erhitzen. Den Spinat dazugeben, leicht salzen und einen Deckel auflegen. Etwa 3–5 Minuten garen, bis der Spinat zusammenfällt. Den Spinat am besten heiß oder lauwarm servieren.

PISELLI E PROSCIUTTO

ERBSEN MIT SCHINKEN

Frische Erbsen sorgfältig aus ihren Schalen zu holen war meine erste Aufgabe in der Küche, als ich etwa fünf oder sechs Jahre alt war. Ich hatte sogar eine doppelte Verantwortung, denn weder die Erbsen noch die weiße Salatschüssel aus Keramik, die ich auf meinen Beinen balancierte, durften auf dem Fußboden landen.

FÜR 2 PERSONEN

½ kg frische Erbsen
½ weiße Zwiebel
2 EL Olivenöl extra vergine
Salz
100 g roher Schinken

Die Erbsen enthülsen. Die Zwiebel schälen, in Stücke schneiden und in einer kleinen Pfanne mit dem Öl 3–4 Minuten dünsten. Die Erbsen dazugeben sowie 1 EL Wasser, leicht salzen und zugedeckt 12–15 Minuten köcheln lassen. Währenddessen den Schinken in feine Streifen schneiden. Etwa 1 Minute vor Ende der Kochzeit zu den Erbsen geben, zudecken und etwa 5 Minuten bis zum Servieren warm werden lassen.

MELANZANE AL FORNO

GEBACKENE AUBERGINE

Ein weiterer Schatz aus dem Gemüsegarten sind Auberginen: Ob länglich und violett oder rund mit schönen rosa Streifen – sie lassen sich leicht anbauen und kochen sich fast wie von selbst. Ich bereite sie im Winter gerne im Ofen und im Sommer in der Pfanne zu – „weiß“ mit etwas Olivenöl und Salz oder in der etwas aufwendigeren Version mit Tomaten, Basilikum und Zwiebel. Sie eignen sich nicht nur als Beilage, sondern auch als Sauce für kurze Nudeln. Bereiten Sie also ruhig etwas mehr zu und bewahren Sie ein paar Portionen für ein schnelles Mittagessen mit Pasta am nächsten Tag auf.

FÜR 6 PERSONEN

2–3 längliche Auberginen
6 EL Olivenöl extra vergine
2–3 Knoblauchzehen
Salz und frisch gemahlener Pfeffer
1 frischer Thymianzweig

Den Ofen auf 220 °C vorheizen. Die Auberginen waschen, und der Länge nach halbieren und die Enden abschneiden. Ganz nach Belieben länglich, in Stücke oder große Würfel schneiden. In eine ofenfeste Kasserolle geben und mit dem Olivenöl sowie 1 EL Wasser beträufeln. Die Knoblauchzehen hinzufügen. Wenn sie nur ein wenig Aroma abgeben sollen, kann man den Knoblauch in der Schale lassen. Für einen intensiveren Geschmack den Knoblauch schälen und zerdrücken. Die Auberginen salzen, pfeffern und den Thymianzweig dazugeben. Für 15–18 Minuten in den Ofen geben. Die Kasserolle in dieser Zeit 2–3 Mal rütteln, sodass die Auberginen immer gut von Öl umhüllt sind. Danach aus dem Ofen nehmen und mit Alufolie abgedeckt warm halten, falls sie nicht gleich serviert werden.

Im Sommer, wenn man in der Küche nicht unbedingt den Ofen anwerfen will, kann man dieses Rezept auch auf dem Herd zubereiten. Alles in eine Stahlpfanne geben und einen Deckel auflegen. Bei starker Hitze brauchen die Auberginen etwa 15 Minuten.

Fattoria
TREGOLE
1580

KAPITEL 8

Snacks für Groß und Klein

TAGE DER WEINLESE

und Snacks mit Trauben, Kastanien und Feigen

Die Weinlese war für mich immer eine besondere Zeit. Als Kind erwartete ich sie voller Vorfreude, denn ich mochte den Trubel in den Weinbergen und die tagelangen Feste, die mit der Lese verbunden waren. Auch als Erwachsene habe ich diese Momente des Jahres lieben gelernt, denn sie haben eine tief greifende Bedeutung für alle Weinproduzenten. Während dieser Tage realisieren sich die Erwartungen von elf arbeitsreichen Monaten, sie sind der entscheidende Moment, denn jetzt werden die Früchte der ganzen Mühe, Hingabe, Opfer und Liebe geerntet und miteinander geteilt. Jeder Weinbauer weiß, dass die Ernte der Geburt eines Kindes gleicht – man wünscht sich, dass es den eigenen Vorstellungen entspricht, während einem doch immer auch bewusst ist, dass man das Schicksal nehmen muss, wie es kommt. Man kann nur hoffen, dass es ein guter Jahrgang wird und er der Familie Glück bringt. Weinbau ist nicht einfach nur ein Job wie jeder andere – es ist Berufung und Leidenschaft, die sich in Formen, Farben und Düften manifestieren. Es geht nicht nur um sachkundiges Handwerk, sondern auch um althergebrachte Rituale und Gebete. Man wendet sich zum Himmel und bittet um Regen, dann um Sonne und schließlich um leichte Bewölkung zum Schutz der großen Weintrauben vor zu starker Hitze. Diese Trauben hat man wie ein Baby behütet, und ein unheilvolles Donnergrollen oder ein Hagelschauer sind die größte Furcht eines Winzers, wenn der Sommer zu Ende geht.

Mein erstes Weinlese-Wochenende verbrachte ich mit meinem Mann Lorenzo bei Freunden, wo wir mit ihnen den Morellino di Scansano lasen. Das war vor vielen Jahren, als wir uns noch nicht lange kannten. Zehn Jahre später, in einer anderen wunderschönen Ecke der Toskana, wiederholt sich die Geschichte: Mit einer Schere in der Hand knie ich im Weinberg, die Sonne scheint mir ins Gesicht, ich höre unsere beiden

Kinder spielen und ernte Trauben, die zu einem Brunello di Montalcino werden sollen. Es liegt der gleiche Duft wie damals in der Luft und die harmonische Regelmäßigkeit der Reben beruhigt den Blick und lässt mich die Anstrengungen leichter ertragen. Mein Geist ist völlig frei von störenden Gedanken und ich bin überzeugt, dass mich nach solch harter Arbeit die größtmögliche – und höchstverdiente – Zufriedenheit überkommt, vor allem wenn ich sie mit Freunden teile. Die Weinlese ist die letzte große Mühe vor unserer Belohnung und doch sind wir uns bewusst, dass das Rad der Zeit sich weiterdreht und der Kreislauf im neuen Jahr von vorne beginnt.

UNSERE TAGE IN SAN FILIPPO

Das Anwesen von San Borgo besteht aus einer kleinen Häusergruppe mit einem zentralen Bauernhaus, einer winzigen Kirche, die dort seit 1672 steht, und dem Landwirtschaftsbetrieb. Die Erde weist ein für das Val d´Orcia typisches Gelb auf. Montalcino ist einer dieser magischen Orte, die einen vom ersten Augenblick an nostalgisch werden lassen. Für dieses in sanfte Hügel gebettete Dörfchen und seine Umgebung lassen sich keine genauen Worte finden. So weit das Auge reicht sind überall Weinreben, deren Reihen sich hügelauf- und hügelabwärts ans Gelände schmiegen. Ihre Zweige tragen eine wertvolle Fracht: Weintrauben, die einmal zum berühmten Wein werden sollen, dem diese Region seinen Namen gibt. Violett und saftig hängen die Trauben da und warten nur darauf, dass Hände sie vorsichtig von den Reben schneiden und sie auf die Reise zur Kellerei schicken.

Wir kommen spätabends bei Mariacristina und Roberto an und sehen von der Landschaft nichts mehr. Die Straßen sind völlig dunkel – abgesehen vom Licht der Autoscheinwerfer fehlt jegliche Beleuchtung. Edoardo und Ludovica können es kaum erwarten, die Zwillinge Vittorio und Matilde zu sehen, und sie hoffen, dass die beiden gute Kameraden für Weinlese, Mahlzeiten und gemeinsame Spiele sein werden. An diesem Wochenende wird es reichlich Festmahle und Bewegung an der frischen Luft geben. Der Mittelpunkt solcher Tage sind die Snacks im Freien, mit frisch gepflückten Äpfeln, den letzten noch am Strauch hängenden Feigen, Kastanien und Würsten, die auf dem offenen Grill hinter dem Haus gebraten werden.

Das Anwesen wurde von Roberto Giannelli zu neuem Leben erweckt, nachdem er sich einige Jahre zuvor in diese Gegend verliebt hatte. Wie man es aus Filmen kennt, gab er seine Arbeit auf und widmete sich fortan den Trauben – Jahr um Jahr, eine Weinlese nach der anderen – um Brunello, den San Filippo, herzustellen, der dort unter diesem Namen seit 1779 existiert und in den letzten Jahren mit bedeutenden internationalen Preisen ausgezeichnet wurde. Während Roberto mir die Geschichte dieses historischen Anwesens und der Umgebung erzählt, hat er den heiteren, klaren Gesichtsausdruck eines Mannes, der seinen Weg gefunden hat und ihn mit Entschlossenheit und Hingabe verfolgt. Dabei unterstützt ihn seine Frau Mariacristina. Der vor einigen Jahren von ihm erworbene Betrieb hat sich seit dem 18. Jahrhundert sehr verändert, als der Adlige Domenico Franceschini erstmals die Kirche mit Wein für die heilige Messe belieferte. Doch der Boden, auf dem die Reben der Sorten Sangiovese, Merlot und Syrah wachsen, ist noch immer unverändert. Nach wie vor werden die Trauben während ihrer Reifezeit hingebungsvoll gepflegt. Zwar ist die Kellerei heute moderner, und Stahltanks flankieren die Holzfässer, doch die Herstellung des Brunellos folgt noch immer denselben Regeln, wie sie sich vor Jahrhunderten in dieser Region entwickelten.

Roberto fährt jeden Tag von Florenz zu seinem Landgut, um persönlich jedes Stadium der Verarbeitung zu überwachen. Während der Apfelernte sieht man seine große Besorgnis, wenn er zum Himmel schaut, und die Kinder sprechen von baldigem Regen. Starke Schauer tun den erntereifen Trauben nicht gut. Roberto steigt die Leiter herunter, überträgt mir die Verantwortung für die Ernte und verschwindet in Richtung des Gebäudes, in dem sich die Kellerei befindet – er muss seine Leute anweisen, die Aufgaben verteilen und alles Nötige unternehmen, um das kommende Wasser abzuwehren, wohl wissend, dass außer Beten nicht wirklich etwas helfen wird.

Wenn ich vor mich schaue,

sehe ich reife Trauben, die bereit sind, geerntet zu werden, und zurückblickend liegen zehn intensive Lebensjahre hinter mir, in denen ich Stück für Stück zu dem wurde, was ich heute bin.

Wie immer vergeht der Tag auf dem Land sehr schnell, aber ohne Hast. Man pflückt Trauben für eine Schiacciata und legt ein paar Holzscheite in die kleine Hütte. Daneben steht der Kakibaum. Dessen weiche überreife Früchte fallen durch ihr eigenes Gewicht zur Erde, um dort als süßer marmeladiger Brei zu landen, der zu einem Festmahl für die Waldvögel wird. Die Kinder kommen gut allein klar, was uns Erwachsenen nur recht ist. Wenn man Kinder zufrieden spielen hört, kann man sich in aller Ruhe anderen Dingen widmen. Die wenigen Zutaten, die man später für die Zubereitung der Snacks benötigt, sind bereits vorhanden. Während sich Lorenzo mit Edoardo und Vittorio um die Trauben kümmert, gehe ich mit Mathilde und Ludovica zum Feigenstrauch am Rand des Weinbergs und wir ernten die letzten Früchte, die noch am Baum hängen, ganz nebenbei naschen wir natürlich auch schon ein wenig.
Als wir wieder alle im Haus sind und uns um den großen, rechteckigen Tisch vor dem Kamin versammeln, hängen die Wolken noch tiefer als zuvor und scheinen noch größer geworden zu sein. Bald wird es regnen, das ist nun sicher. Hoffentlich wird der Regen nicht die Trauben zerstören. Im Zimmer herrscht großes Stimmengewirr – die Kinder spielen noch immer. Der Tag neigt sich dem Abend zu, doch vor einer heißen, wohltuenden Dusche bleibt uns noch Zeit für einen Spaziergang. Die Luft, die wir dabei einatmen, riecht sehr intensiv und ist unglaublich rein, frisch und geschwängert mit verschiedensten Düften. Fast wie von selbst beginnen unsere Beine, den Hügel hinaufzusteigen, und ich spüre, wie meine Muskeln aus ihrer Trägheit des Stadtlebens erwachen. Meine Lungen nehmen die gute Landluft auf. Sie steigt mir zu Kopf und verleiht mir ein Gefühl von unbeschreiblicher Leichtigkeit. Schließlich unterbricht ein Donnergrollen den Spaziergang. Dicht und rauschend beginnt es zu regnen, im drängenden Rhythmus der immer schneller vom Himmel stürzenden Tropfen. Wir eilen zum Haus zurück und kommen völlig durchnässt an. Unsere Stiefel sind voller Schlamm, und an unseren Wangen kleben die nassen Haare. Jetzt kann der Winzer nur noch das Beste für die Trauben hoffen.

SCHIACCIATA ALL'UVA

SÜSSE FOCACCIA MIT TRAUBEN

In der Toskana ist die Schiacciata eine flache Focaccia und meist härter als die aus Genua oder anderen Regionen. Als ich noch klein war, nahm meine Mutter mich morgens mit zum Bäcker, und seine Frau Beatrice reichte uns mit dem toskanischen Brot auch immer zwei solche quadratische Fladenbrote mit Öl in einem Paket aus dickem Papier.
Die süße Version mit Trauben wird gerne während der Weinlese gebacken. Da die Arbeit in den Weinbergen sehr anstrengend ist, kommt die süße Focaccia als Stärkung für Groß und Klein gerade recht. Bei uns gibt es natürlich keinen Tee dazu, sondern vielmehr ein Glas Wein. Aber das kann jeder ganz nach seinem Geschmack machen ...

FÜR 6–8 PERSONEN

500 g Weißmehl
5 EL Zucker
25 g frische Hefe
1 große Rispe Weintrauben (etwa 400 g)
1 EL Olivenöl extra vergine

Das Mehl mit 1 EL Zucker in eine große Schüssel geben, beides vermischen und eine Mulde in die Mitte drücken. In einer zweiten Schüssel die Hefe in 300 ml lauwarmem Wasser auflösen. Diese Mischung ein paar Minuten stehen lassen. Dann noch einmal umrühren und in die Mehlmulde gießen. Mit den Händen kneten, bis ein glatter und homogener Teig entstanden ist. Falls nötig, dabei noch einmal 20–30 ml Wasser hinzufügen.

Den Teig auf die Arbeitsfläche geben, dort noch einmal für 2 Minuten energisch durchkneten und ihn dann in der mit einem Geschirrtuch abgedeckten Schüssel an einem warmen Ort etwa 90 Minuten gehen lassen.

Während der Teig geht, die Trauben waschen, von den Stielen pflücken und trocknen lassen. Falls nötig, die Trauben halbieren und die Kerne entfernen.

Den Ofen auf 210 °C vorheizen und eine runde Backform von 30 cm Durchmesser mit Backpapier auskleiden. Den Teig gleichmäßig in die Form drücken, dabei gut in die Ecken drücken, und die Oberfläche mit 1 EL Öl einfetten. Die Trauben in den Teig drücken, den Kuchen mit dem restlichen Zucker bestreuen und die Form in den Ofen schieben.

Etwa 25–30 Minuten backen, bis die Focaccia aufgegangen und goldbraun ist. Aus dem Ofen nehmen, auf einem Gitter auskühlen lassen und dann in Stücke schneiden.

CROSTATA CON MARMELLATA

MÜRBETEIGKUCHEN MIT KONFITÜRE

An Nachmittagen mit schlechtem Wetter vertrieben wir uns oft die Zeit mit dem Backen eines Kuchens aus Mürbeteig und Konfitüre. Meine Mutter mochte Süßes früher nicht besonders, aber sie hat immer eine perfekte Crostata gebacken und dafür die Konfitüre verwendet, die mein Opa im Sommer herstellte, aus Brombeeren, Pflaumen, Aprikosen oder Pfirsich. Für dieses Rezept verwende ich jedoch meinen eigenen Teig, denn über die Jahre habe ich die Mengen der Zutaten wie auch die Herstellung perfektioniert.

FÜR 1 KUCHEN MIT CA. 12 STÜCKEN

440 g Mehl, Type 405
140 g Zucker
1 Ei und zusätzlich 1 Eigelb
250 g Butter
1 EL Zitronenschale
350 g Aprikosenkonfitüre

Mehl, Zucker, Ei, die kalte, in Stückchen geschnittene Butter sowie die fein abgeriebene Zitronenschale in eine Schüssel geben. Alles zügig mit den Händen in der Schüssel und dann auf einer glatten, möglichst kalten Oberfläche zu einem Teig verkneten. Man kann aber auch einen elektrischen Handmixer oder die Küchenmaschine verwenden.

Den Teig zu einer Kugel formen und diese in Frischhaltefolie gewickelt für mindestens 30 Minuten in den Kühlschrank legen, bevor man den Teig ausrollt.

Die Teigkugel in zwei Hälften teilen. Eine davon ausrollen, so dass ein Kreis von etwa 4 mm Dicke entsteht. Die Teigplatte in eine Tarteform legen und am Rand gut andrücken. Den überschüssigen Teig abschneiden. Mit einer Gabel feine Löchlein in den Boden stechen, dann die Aprikosenkonfitüre dick darauf verteilen.

Den Ofen auf 180 °C vorheizen. Den verbleibenden Teig etwas dicker ausrollen und mit einem gezackten Teigrädchen lange Streifen von etwa 0,5 cm Breite schneiden. Die Streifen auf dem Kuchen übereinanderlegen, sodass Rauten entstehen. Die Crostata 20–30 Minuten backen, bis der Teig goldbraun ist. Herausnehmen und auf einem Gitter abkühlen lassen. Der Kuchen lässt sich besser aus der Form lösen, wenn er komplett ausgekühlt ist, sonst kann es passieren, dass er zerbricht.

CIAMBELLA ALL'OLIO D'OLIVA

MARMORKUCHEN MIT OLIVENÖL

Dieser leckere Kuchen ist perfekt für zwischendurch, denn er ist nicht allzu fettig. Problematisch ist, dass man vielleicht mehr davon essen will, denn man hat ja die Ausrede, dass er mit Olivenöl statt mit Butter gemacht ist. Ich serviere diesen Kuchen den Kindern gerne mit einem Glas Milch, in das sie den Kuchen dann immer ein wenig eintunken ...

FÜR 1 KUCHEN MIT CA. 15 STÜCKEN

Butter und Mehl für die Form
4 Eier + zusätzlich 1 Eigelb
200 g Zucker
100 g Weißmehl, Type 405
10 g Backpulver
200 g geriebene Mandeln
abgeriebene Schale einer Zitrone
40 ml Olivenöl extra vergine
3 EL Kakaopulver
2 EL Milch
2 EL Puderzucker

Eine runde Kranzform von etwa 24 cm Durchmesser mit Butter einfetten, mit Mehl ausstäuben und das restliche Mehl ausleeren. Den Ofen auf 180 °C vorheizen.

Die Eier trennen. Die Eiweiße in eine Metallschüssel geben und mit dem elektrischen Handrührer zu Schnee schlagen, dann im Kühlschrank kalt stellen. Die Eigelbe mit dem Zucker in einer großen Schüssel mit dem Handmixer schaumig rühren.

Das Mehl in die Schüssel sieben und mit einem Spatel unterheben. Das Backpulver, die gemahlenen Mandeln und die Zitronenschale dazugeben und vorsichtig untermischen. Das Öl hinzufügen sowie einen Großteil des Eischnees (etwa 2 EL davon abnehmen). Ein Drittel des Teigs in die Form, ein weiteres Drittel in eine saubere Schüssel füllen. In eine der beiden Schüsseln den Kakao, die 2 EL Eischnee und die Milch geben. So erhält der dunkle Teig die gleiche Konsistenz wie der helle.

Den dunklen Teig über den hellen in die Form füllen und mit dem verbliebenen hellen Teig bedecken. Eine Messerklinge in den Teig stechen und mit kreisenden Bewegungen einmal durch die gesamte Form ziehen, um einen Marmoreffekt zu erzielen.

Die Kuchenform in den Ofen stellen. Den Kuchen 35–40 Minuten backen, dann herausnehmen und abkühlen lassen, dann den Kuchen aus der Form lösen. Auf eine Kuchenplatte legen und mit Puderzucker bestäuben.

9284
0649

EIN AUSFLUG NACH POGGIO STENTI

Damals wie heute gehören Hügel und Landgüter in der Toskana untrennbar zusammen. Die Hügel – kleine Anhöhen, die sich von den umgebenden Feldern oder langen Reihen von Weinreben abheben – werden von einem Landgut gekrönt, in dem die Besitzer mit ihren Familien leben. Meistens sind sie in mehreren Bereichen der Landwirtschaft tätig, von Viehzucht über Landbau bis hin zu Weinbau und dem Verkauf typischer Produkte wie Öl, Fleisch, Wurst und Käse. Viele toskanische Familien können auch heute noch so auf dem Land leben, und manchmal denke ich, dass sie mehr vom Leben verstehen als ihre in die Stadt gezogenen Freunde. Natürlich ist der Alltag auf den Feldern hart und verlangt Opferbereitschaft. Ein gutes Jahr ist nicht selbstverständlich, doch die Menschen hier wissen das und nehmen es bereitwillig hin, denn ihre Arbeit verlangt nicht nur große Umsicht und Kompetenz, sondern auch Leidenschaft.

Über diese verfügt auch die Familie von Carlo Pieri, dem Metzger von Montalcino, der Fleisch aus eigener Zucht verkauft, jedoch auch Wein und Öl produziert, das er auf Bestellung – zusammen mit seinen berühmten Steaks – in alle Welt verschickt. Die Pieri sind hart arbeitende Leute, das merkt man schnell, wenn man die Familie kennenlernt. Seit Jahren bestellen sie Felder, bauen Feldfrüchte an und ziehen Tiere nach alter Tradition auf. Das Vieh darf auf den Weiden grasen und wird mit sorgfältig ausgewähltem, meist selbst produziertem Futter ernährt. Das Land der Familie Pieri erstreckt sich über den Hügel, der vom Monte Amiata ausläuft, bis zur Maremma. Schon von Weitem sieht man Poggio Stenti mit seinem hübschen, für die Familie erbauten Steinhaus und den umliegenden Hügeln, die mit Hingabe bewirtschaftet werden. Selbst als es gewinnbringend hätte verkauft werden können, gab man es nicht auf, denn Carlo glaubt an diesen Ort und will ihn genau so für die folgende Generation erhalten. Seine Rinder und Schweine ergeben Fleisch für wahre Kenner: „Das, was ich zu Hause essen will, möchte ich auch verkaufen", erklärt er mir, während er stolz gereifte Schinken, Fenchelwürste und große Steaks in seinem Geschäft aushängt.

PIZZA FATTA IN CASA

SELBST GEMACHTE PIZZA

Irgendwann wurde endlich die ersehnte Pizza aufgetragen – dünn, duftend und so lecker, wie für ein Kind nur eine selbst gemachte sein kann. Man musste sich allerdings beeilen, wenn man mehr als ein Eckchen davon haben wollte, denn auch den Erwachsenen schien sie mehr als gut zu schmecken. Noch heute ist Pizza einer meiner liebsten Snacks – mit einem kalten Bier oder einem Glas Rotwein für uns, Apfel- oder frisch gepresstem Orangensaft für die Kinder.

FÜR 2 BLECHE, CA. 6 PERSONEN

350 g Weißmehl, Type 405
150 g Hartweizengrieß
feines Salz
25 g frische Hefe
500 ml Tomatenpassata
1 TL getrockneter Oregano
5–6 EL Olivenöl extra vergine
250 g Mozzarella
20 frische Basilikumblätter

In einer Schüssel das Mehl mit dem Hartweizengrieß und dem feinen Salz mischen. Die Hefe in 300 ml lauwarmem Wasser verrühren, bis sie vollständig aufgelöst ist. Die Flüssigkeit zum Mehl geben und etwa 5 Minuten kräftig kneten. Falls nötig, 1–2 EL Wasser hinzufügen. Den Teig auf die Arbeitsfläche legen und noch einmal einige Minuten durchkneten, dann zu einer Kugel formen, in die Schüssel legen und mit einem feuchten Tuch abdecken. Etwa 1 Stunde an einem warmen Ort gehen lassen, bis sich das Volumen verdoppelt hat.

Den Ofen auf 220 °C vorheizen und zwei Bleche mit Backpapier belegen. In einer Schüssel die Passata mit 1 TL Salz, dem Oregano und 2–3 EL Öl vermischen. Den Mozzarella abtropfen lassen und in Scheiben schneiden.

Den Teig nach dem Gehen noch einmal 1 Minute lang kneten, dann halbieren und beide Stücke mit dem Nudelholz zu Rechtecken von der Größe der Bleche ausrollen. Auf die Bleche legen, mit den Händen flach drücken und die Passata darüber verteilen. Die Oberfläche noch ein wenig salzen, dann 7–8 Minuten im Ofen backen.

Die Pizzen herausnehmen, die Mozzarellastückchen darauf verteilen und weitere 8–10 Minuten backen, bis der Mozzarella geschmolzen (aber nicht gebräunt) und der Rand goldbraun ist. Pizzen aus dem Ofen nehmen und die Oberflächen mit dem restlichen Olivenöl beträufeln. Etwas Salz und die frischen Basilikumblätter auf die Pizzen streuen und sie in gleichmäßige Stücke geschnitten servieren.

LITRO

FRITTATA CON GLI ASPARAGI

OMELETT MIT GRÜNEM SPARGEL

Brot und Omelett – ein Klassiker für den nachmittäglichen Imbiss, der vielleicht auch nur ein Rest vom Vortag ist, denn Frittata schmeckt kalt am besten. In der Toskana ist es ein sehr gängiges Gericht, vor allem die Tortino (Törtchen) genannte Version mit zartem, wildem Spargel. Meine Oma bereitete Omelett in einer großen Pfanne mit niedrigem Rand zu und hatte eine unfehlbare Technik zum Wenden: Sie legte einen passenden Teller über die Pfanne, umwickelte alles mit einem Küchenhandtuch, drehte es dann um und ließ das Omelett auf der anderen Seite wieder in die Pfanne gleiten. Viele Kochbücher geben an, dass ein Omelett im Ofen fertig gegart werden soll, aber wenn man ein authentisches toskanisches machen möchte, sollte man von solchen Experimenten absehen.

FÜR 2–4 PERSONEN

1 Bund dünner grüner Spargel, ca. 250 g
5 Eier
3 EL Olivenöl extra vergine
Salz

Die hölzernen Enden des Spargels entfernen und die Stangen in Scheiben schneiden, die Köpfe ganz lassen. Mit einer Gabel die Eier mit ½ TL Salz in einer Schüssel verrühren, aber nicht zu lange – es genügt, die Eier kurz zu verquirlen.

Eine große beschichtete Pfanne auf mittlerer Stufe erhitzen und das Olivenöl durch Schwenken darin verteilen. Den Spargel hineingeben, den Deckel auflegen, die Hitze reduzieren und den Spargel 5 Minuten garen. Danach etwas salzen, umrühren und testen, ob der Spargel weich ist – ansonsten 1 EL Wasser zufügen und zugedeckt weitere 3 Minuten dünsten.

Den Deckel abnehmen und die Spargelscheiben gleichmäßig auf dem Pfannenboden verteilen. Dann die Eier darübergießen und 5 Minuten braten. Wenn die untere Seite des Omeletts gut gebräunt ist, die Pfanne vom Herd nehmen und mit einem passenden Teller bedecken. Ein oder zwei Küchenhandtücher darumwickeln (bitte verbrennen Sie sich nicht!) und die Pfanne beherzt umdrehen, sodass das Omelett mit der rohen Seite auf dem Teller landet. Das Handtuch lösen, die Pfanne wieder auf den Herd stellen und das Omelett vom leicht geneigten Teller in die Pfanne gleiten lassen, notfalls mit einer Gabel nachhelfen.

Weitere 3 Minuten braten, das fertige Omelett auf einen sauberen Teller gleiten lassen und in Stücke geschnitten mit Brot servieren.

NORCINERIA
Carlo Pie
ELLERIA
MONTALCINO (SI)
0577 808006
info@poggiostenti.com - www.p
d'Orcia (GR)

SALSICCE ALLA BRACE

GEGRILLTE BRATWÜRSTE

Italienische Salsicce sind weltweit als einzigartiges Produkt bekannt und die toskanischen gehören zu den besten, die ich jemals gegessen habe. Für gewöhnlich werden sie aus reinem Schweinefleisch und -fett hergestellt, das grob gehackt und mit etwas Salz, Pfeffer und manchmal Chili gewürzt wird. Der Geschmack gründet in der Qualität des Fleischs, also in der Haltung der Tiere und ihrer Ernährung. Für einen wirklich toskanischen Snack müssen die Würste im Freien über dem Holzfeuer gegrillt werden. Wie es ihnen aufgetragen wurde, tragen Edoardo und Vittorio das Feuerholz heran und schüren begeistert die Flammen. In dieser Zeit bereiten Mariacristina und ich die Würste vor. Wir schneiden sie auseinander und legen sie auf den eisernen Grillrost, der dann direkt über die Glut gestellt wird. Einige aromatisieren die Würste mit Lorbeerblättern, aber uns genügt der delikate Geruch des Schweinefleischs – es ist der Geruch von Bauernhof und Tradition.

FÜR 6–8 PERSONEN

12 Salsicce (alternativ grobe Bratwürste)
heiße Glut

Um die Würste grillen zu können, muss zuerst der Holzkohlegrill vorbereitet werden. Ein Feuer entzünden und brennen lassen, bis die Flammen erloschen sind – dann ist der Grill bereit, alle Aromen aus den Würsten hervorzulocken.

Einen Grillrost verwenden, den man auf Füßen über die Glut stellen kann. Die Schnur zwischen den Würsten durchtrennen, die Würste dabei aber nicht öffnen – man braucht sie auch nicht anzuritzen, sie platzen beim Grillen durch die Hitze nach und nach von selbst auf. Man kann die Bratwürste natürlich auch direkt auf den heißen Grill legen, es ist nur etwas gefährlicher für die Finger. Die Salsicce 15–20 Minuten grillen, dabei nach der Hälfte der Zeit wenden. Die Würste mit toskanischem Brot und Rotwein servieren.

POLENTA GRIGLIATA CON IL LARDO

GEGRILLTE POLENTA MIT SPECK

Als meine Großeltern jung waren, war Polenta das gängigste Essen der ärmeren Leute in Italien. Heutzutage haben wir gelernt, sie gewürzt und in vielseitigen Variationen als Beilage zu servieren. Sie kostet wenig, sättigt sehr gut und ist zudem leicht zuzubereiten und lange haltbar. Oft schmeckt sie sogar nach einem Tag noch besser. Eigentlich stammt die Polenta aus Norditalien, doch auch in der Toskana ist sie recht verbreitet. Vor allem zu Ragouts oder Schmorgerichten ist sie eine wunderbare Beilage. Reste werden für Snacks oder einen Aperitif im Freien verwendet. Bei der Zubereitung von Polenta hat man zwei Möglichkeiten: normalen Maisgrieß verwenden und ihn etwa 45 Minuten lang kochen oder zu vorgekochtem Polentagrieß greifen, der nur 8–10 Minuten braucht. Der Ablauf ändert sich jedoch nicht.

FÜR 6–8 PERSONEN

1 TL Salz
400 g gelber Polentagrieß
1 EL Olivenöl extra vergine
frisch gemahlener schwarzer Pfeffer
200 g Speck, in dünnen Scheiben

Etwa 1,8 l Wasser in einen ausreichend großen Topf füllen, das Salz hinzugeben und zum Kochen bringen. Wenn das Wasser kocht, die Flamme kleiner stellen und langsam den Grieß einstreuen, dabei ständig mit einem Schneebesen oder Holzlöffel rühren. Ist alles eingerührt, die Temperatur noch einmal erhöhen, bis der Grieß kocht. Unter häufigem Rühren 40–45 Minuten garen und falls nötig noch etwas Wasser dazugeben.

Ist die Polenta gar, löst sie sich leicht von der Topfwand und hat eine kompakte Konsistenz. Den Topf vom Herd nehmen und die Polenta gleichmäßig in eine mit Backpapier ausgelegte Form streichen – so als würde man Kuchenteig verteilen.

Für etwa 1 Stunde oder über Nacht abkühlen lassen. Zum Servieren eine Grillpfanne erhitzen und die Oberfläche der Polenta mit Olivenöl bestreichen. Die Polenta in Stücke schneiden und diese jeweils 2 Minuten pro Seite in der Pfanne anbraten – je nachdem, wie dunkel man die Polenta mag, kann man sie kürzer oder länger braten.

Mit etwas frisch gemahlenem Pfeffer würzen und mit hauchdünn geschnittenen Speckscheiben belegt heiß servieren.

"Pepato Senese"
Pecorino Senese a LATTE CRUDO

UOVO IN CAMICIA SUL PANE

POCHIERTE EIER AUF BROT

Eier sind die einfachsten und edelsten aller Zutaten. Davon abgesehen, dass ich immer eine große Faszination für diese kleinen Kugeln hegte, die etwas Magisches zu enthalten schienen, haben Eier ein Wandlungspotenzial für unendlich viele Rezepte. Für sich allein sind sie der Geschmack in Reinform, sofern sie absolut frisch, auf den Punkt gekocht und perfekt gewürzt sind. Pochierte Eier mag ich sehr gerne, denn sie zergehen weich und lauwarm im Mund und sehen außerdem noch hübsch aus. Ich serviere sie auf leicht in etwas Öl gebratenen Brotscheiben, manchmal mit etwas Salat dazu. So werden sie zu einer nahrhaften Zwischenmahlzeit, die mir wieder Energie gibt, wenn ich nachmittags welche nötig habe. Fügt man eine Scheibe Pecorino oder etwas rohen Schinken und einen Salat dazu, erhält man statt eines deftigen Snacks ein leichtes Mittagessen.

FÜR 4 PERSONEN

1 EL weißer Essig
4 frische Eier
4 Scheiben toskanisches Brot, zum Servieren (alternativ Ciabatta)
Olivenöl extra vergine
2 Handvoll gemischter Salat (nach Belieben)
Salz und frisch gemahlener schwarzer Pfeffer

Einen weiten Topf bis zur Hälfte mit Wasser füllen. Den Essig hinzufügen und das Wasser auf hoher Stufe zum Kochen bringen, dann die Temperatur etwas senken, sodass es weiterhin leicht köchelt. In der Zwischenzeit das erste Eier vorsichtig in ein kleines Glas schlagen, ohne dass der Dotter zerfließt. Außerdem einen Teller mit einigen Blättern Küchenpapier belegen.

Das kochende Wasser umrühren, sodass ein Strudel entsteht, und das Ei hineingleiten lassen. Noch einmal umrühren, dann die Hitze kleiner stellen und das Ei 4–5 Minuten kochen lassen, je nachdem wie fest man das Eigelb gerne hätte. Das Ei mit der Schaumkelle herausheben und auf dem Küchenpapier abtropfen lassen. Eventuell abstehendes Eiweiß entfernen.

Weiter so verfahren, bis alle Eier nacheinander gekocht sind. Man kann die Eier auch einige Zeit im Voraus zubereiten und sie kurz vor dem Servieren 30 Sekunden in kochendem Wasser heiß machen. Die Brotscheiben in einer Pfanne mit heißem Olivenöl rösten, dann den Salat und ein pochiertes Ei darauflegen. Mit Öl, Salz und Pfeffer würzen und sofort servieren.

Ein stiller Horizont

liegt über den Feldern um Montalcino, deren Gerüche von Trauben und Erde sich nach einem Regenguss vermischen. Ich schließe die Augen und bin dankbar für jeden Atemzug dieses Duftes.

DAS RITUAL DES VIER-UHR-SNACKS

Auf dem Land wird die Zeit von Mahlzeiten und schönen Ritualen unterteilt – im Gegensatz zum Stadtleben haben die Kinder keine endlose Liste von Aufgaben, die nach der Schule auf sie warten, und eine ausgedehnte Runde über die Felder ist ein beliebter und zudem noch gesunder und lehrreicher Zeitvertreib. Ich sehe gerne dieses Gefühl von Freiheit in den Augen meiner Kinder, das ihnen von der offenen Landschaft vermittelt wird. Da gibt es keine Fremden oder Autos, auf die man achten muss, sondern man kann rennen, bis man außer Atem ist. Die Lungen füllen sich mit frischer, reiner Luft, die das Blut mit Sauerstoff anreichert und sofort eine gesunde Röte in die kleinen Gesichter zaubert. Gerne würde ich das gesamte Jahr über so leben. Stattdessen bin ich dankbar für jeden einzelnen Tag, den ich der Stadt entfliehen kann und auf dem Land verbringen darf. Hier versuche ich, jeden Moment wertzuschätzen, und gebe mein Bestes, um jeden Tag zu etwas Besonderem zu machen. Dies fängt bei ganz kleinen Dingen an und der Nachmittagssnack um vier ist eines dieser kleinen Rituale, die ich mit Sorgfalt pflege.

Auf dem Land finden Kinder immer etwas zu tun, gerade wenn sie eine kleine Bande gründen und sich ganz selbstständig beschäftigen. Sie pflücken Äpfel von den untersten Ästen, spielen Verstecken in den Weinbergen und machen danach eine Pause in der Hütte. Dort wärmen sie sich die Hände beim Schälen von heißen Maronen, die blitzschnell im Mund verschwinden, bevor vom Haus der magische Ruf ertönt: Zeit für den Snack! Die Vorstellung von geröstetem Brot, begleitet von Haselnusscreme oder Salami, bewirkt eine halsbrecherische Jagd nach drinnen. Die Küche füllt sich mit Gelächter, und es bildet sich eine Warteschlange vor dem Waschbecken, wo man sich unter den strengen Blicken der Mütter die Hände wäscht. Der Tisch deckt sich fast von allein, denn jeder nimmt sich Teller, Schüsseln, etwas Brot oder Obst und so wird das Angebot an Essen nach und nach kleiner. Die Tassen füllen sich, je nach Vorlieben und Jahreszeit, mit Apfelmost, Säften oder Limonade. Der Snack vereint für eine halbe Stunde alle am Tisch und stärkt Geist und Beine, die danach ihre Tätigkeiten wieder aufnehmen …

CALDARROSTE

GERÖSTETE MARONEN

Maronen werden traditionell in einer durchlöcherten Eisenpfanne geröstet. Als ich klein war, hat meine Mutter sie oft zubereitet und ich durfte ihr dabei helfen, sie auf dem Kaminfeuer im Esszimmer zu rösten. Mit der Zeit haben sich die Dinge verändert und wir mussten auf den kleinen Luxus verzichten, den ein solches Feuer bietet. Maronen auf dem Herd zuzubereiten ist nicht ganz das Gleiche. Am besten werden sie dabei, wenn man ein Gittergestell über einer Gasherdflamme aufstellt und die Pfanne darauf platziert. Alternativ kann man den Ofen einsetzen, um die Maronen etwa 20 Minuten bei 230 °C zu backen. Dabei sollte man eine Schale mit Wasser hineinstellen, damit die Luft nicht zu trocken ist.

FÜR 4 PERSONEN

35 Maronen (aus dem Mugello)
1 gelöcherte Pfanne

Auf den hohen und majestätischen Kastanienbäumen des Mugello-Gebiets wachsen riesige, helle, pralle Maronen, die unter die geschützte Herkunftsbezeichnung IGP fallen und einen erlesenen, leicht süßen Geschmack haben. Wenn Sie keine Kastanien dieser Sorte finden, nehmen Sie möglichst gleich große, damit sie nicht unterschiedlich lange brauchen.

Die Maronen auf der runden Seite mit einem scharfen Messer etwa 3 cm lang einschneiden, und zwar so tief, dass die Schale durchtrennt, das Innere jedoch unversehrt bleibt. Die eingeritzten Maronen in die gelochte Pfanne legen und auf die Flamme oder den Grill stellen. Häufig rütteln, damit sie sich bewegen und nicht anbrennen. 25–30 Minuten rösten, bis sie gar sind. Die Maronen in ein feuchtes Geschirrhandtuch legen und 10 Minuten darin ruhen lassen, damit sich danach die Schale besser lösen lässt. Heiß servieren.

TORTA CON CREMA E PINOLI

TARTE MIT CREME UND PINIENKERNEN

Dieser Kuchen wird oft auch als „torta della nonna“ bezeichnet und ist fester Bestandteil der Dessertkarten vieler Restaurants in der Toskana und ganz Italien. Nachdem ich die Tarte einmal selbst gemacht hatte, konnte ich den industriell gefertigten nichts mehr abgewinnen. Der Kuchen ist ein cremiger Traum, der geradezu im Mund zergeht.

FÜR 1 TARTE MIT 12–16 STÜCKEN

220 g Weißmehl, Type 405
70 g feiner Zucker
125 g Butter
1 Ei
1 TL Vanilleextrakt
70 g geschälte Pinienkerne
2 EL Puderzucker

Für die Creme
450 ml Milch
3 Eigelbe
150 g Zucker
45 g Mehl

In einer Schüssel Mehl, Zucker, klein geschnittene Butter, Ei und Vanilleextrakt vermischen. In 3–4 Minuten zu einem glatten und homogenen Teig verkneten. Diesen in Frischhaltefolie wickeln und 30 Minuten im Kühlschrank ruhen lassen.

In der Zwischenzeit die Creme zubereiten. In einem ausreichend großen Topf die Milch erhitzen, ohne dass sie zu kochen beginnt. Eigelbe und Zucker in einer Schüssel verrühren, dann das Mehl hinzufügen und die heiße Milch langsam in die Schüssel gießen. Mit einem Schneebesen umrühren, alles in den Topf geben und die Creme bei schwacher Hitze unter ständigem Rühren 5–7 Minuten erhitzen, bis sie andickt. Zur Seite stellen.

Den Ofen auf 180 °C vorheizen. Den Mürbeteig mit einem Nudelholz ca. 4 Millimeter dick ausrollen und eine Tarteform von 28 cm Durchmesser damit auslegen. Einen Rand hochziehen, den Boden mit einer Gabel einstechen, dann die Creme hineinfüllen und die Pinienkerne gleichmäßig auf dem Kuchen verteilen.

Die Tarte in den Ofen schieben und 25–28 Minuten backen, bis der Rand goldbraun und die Creme fest ist. Herausnehmen und 20 Minuten abkühlen lassen, dann die Tarte aus der Form lösen und auf einem Gitter vollständig auskühlen lassen. Vor dem Servieren mit Puderzucker bestreuen.

KAPITEL 9

Süßes, Obst und Kaffee zum Abschluss

VON DER KUNST, SÜSSES ZU ZELEBRIEREN,

und der Leidenschaft für schön gedeckte Tische

Ein ansprechend gedeckter Tisch ist ein Augenschmaus und, wie ich immer wieder betone, kein Luxus, sondern ein Privileg, das unser Leben jeden Tag ein bisschen schöner macht. Abends decke ich den Tisch für die Familie gern mit allem, was dazugehört. Am liebsten richte ich ihn nach dem Essen für Dessert, Obst und Kaffee. Auch wenn man diese drei traditionell nacheinander serviert, stelle ich bei weniger formellen Gelegenheiten gerne alles zusammen auf den Tisch. Mir gefällt es, ein Dessert (oder Desserts, wenn Sie verschiedene zubereiten) mit etwas gewaschenem Obst in die Tischmitte zu stellen, sodass sich jeder selbst bedienen kann. Wenn ich den Kaffee im Wohnzimmer serviere, biete ich nur Obst und Süßes an, aber wenn ich mit meinen Gästen lieber am Tisch bleibe, möchte ich ihnen die Gelegenheit geben, sich von allem gleichzeitig zu nehmen: Genau wie in der Oper ist es dann ein wahrhaft krönender Abschluss für einen gelungenen Abend mit Freunden.

Süßes ist für uns Italiener einmal mehr Ausdruck unseres Gemeinschaftssinns und nicht nur der Höhepunkt eines gemeinsamen Essens. In diesem Moment entspannen sich sogar die unsichersten Hobbyköche und genießen die Anerkennung ihrer Mühen. In einigen Familien ist das Dessert fast wie der zweite Akt einer wundervollen Aufführung. Erneut öffnet sich der Vorhang und neue Protagonisten erscheinen auf dem Tisch: Süßes in Form von Kuchen, Cremespeisen zum Löffeln oder Kekse, Obst und Kaffee. Damit bei dieser Mahlzeit auch wirklich nichts fehlt, wird die Nachspeise manchmal noch von Dessertweinen und Likören begleitet.

Einen Tisch für das Dessert vorzubereiten bedeutet, alles abzuräumen, was noch von den anderen Gängen übrig ist, und, so weit wie eben möglich, den makellosen Zustand vom Anfang wiederherzustellen. Anstelle der Weingläser für den Tischwein

Csaba

kommen nun kleinere Gläser ohne Stiel für Dessertwein auf den Tisch. Öl, Salz, Essig, Brotteller, unbenutztes wie auch schmutziges Besteck werden weggeräumt. Stattdessen kommen Dessertteller samt kleiner Gabeln und Messer (falls es Früchte gibt) beziehungsweise Löffelchen für Eis, Obstsalat, Kaffee – je nach Menü. Sogar in weniger wohlhabenden Familien wie der meinen in meiner Kindheit, besitzen die Hausherrinnen Dessertteller und alles, was dazugehört, um bei Gästen einen guten Eindruck zu machen. In der Regel sind sie auf dieses Geschirr auch sehr stolz. Oftmals wird es nur zu besonderen Anlässen benutzt.

Meine Oma bewahrte ihr gutes Geschirr in einer Vitrine im Esszimmer auf. Darunter befand sich ein Service mit Silberrand für Weihnachten und Feste, das als einziges eine passende Suppenschüssel beinhaltete. Außerdem hatte sie noch ein Kaffeeservice mit zwölf Tässchen und ebenso vielen kleinen Tellern, einer Zuckerdose, Milchkännchen und winzigen Silberlöffelchen. Sie kündigte immer an, dieses Service zu benutzen, wenn ich zum ersten Mal meinen Mann mit nach Hause brächte – weil es das „gute" war, das nicht beschädigt werden durfte. So kam es dann auch.

BLUMEN, BLÄTTER UND FRÜCHTE ALS DEKORATION

Um einen Tisch ansprechend zu decken, braucht man nicht viel mehr als etwas von dem guten Geschmack einer Frau, die Teile aus ihrem Kleiderschrank geschickt miteinander kombiniert. Eine bestimmte Farbe erleichtert nicht nur diese Aufgabe, sondern verbessert mit Sicherheit auch das Ergebnis: Weiß. Nicht ohne Grund bevorzuge ich diese Farbe. Wenn man nur eine einzige Tischdecke hätte, sollte sie weiß sein – genauso beim Tellerservice. Weiß ist unschuldig, sauber und hell – mit dieser Farbe liegt man in keiner Jahreszeit daneben. Für das Dessert kombiniere ich es gerne mit Rosatönen, intensivem Gelb, Gold oder Maigrün. Diese Palette entspricht der Farbe meiner Lieblingsblumen: Herbstrosen und Sommerpäonien. Früchte und Kräuter sorgen für angenehmen Duft: Salbei und Pfirsiche, Minze und Trauben,

Äpfel und Sternanis sind nur einige der Kombinationen, die ich häufig verwende. Bei Landaufenthalten suche ich immer unermüdlich nach Dingen, mit denen ich den Tisch dekorieren könnte: Ein Rundgang durch einen Garten oder Wald beschert einem mehr als genug Funde, man muss nur noch die besten aussuchen.

Nicht weit entfernt von Pisa liegt das schöne Landhaus von Claudias und Mariangelas Eltern, wo man perfekt einen Nachmittagstee einnehmen kann, der von toskanischen Süßigkeiten begleitet wird. Zur Grünfläche des Gartens hin öffnet sich ein weiter Innenhof und in der großen angrenzenden Küche kann ich mich einrichten, um Cantucci, Apfelkuchen und Panforte zu backen. Mit einer Tasse Tee setzen wir uns um einen weißen Holztisch und erzählen uns von unseren Plänen. Die beiden Schwestern sind für mich eine große Inspirationsquelle. Ihr Beruf ist es, wundervolle Tafeln mit selbst entworfenen Tischdecken, Tellern, Gläsern zu erstellen wie auch viele andere Einrichtungsgegenstände, die man in Geschäften an dem Kürzel „MC“ erkennt. Darin drückt sich die wunderbare Symbiose zweier Frauen mit unterschiedlichen Persönlichkeiten aus. Wie viele berufstätige Frauen wollen die beiden Eleganz und Bequemlichkeit miteinander verbinden, um auf keines davon verzichten zu müssen. In dem großen Garten ihres Anwesens, in dem ich schon einmal Gast sein durfte, wachsen die schönsten und duftendsten Rosen, die ich je in der Toskana gesehen habe. In seiner Mitte liegt der sehr harmonisch und liebevoll mit Details ausgestattete Landwohnsitz: Er ist der große kreative Mittelpunkt einer Familie, die früher mit Wohntextilien handelte und nun ihre eigene Kollektion mit authentischen italienischen Einrichtungsgegenständen kreiert hat.

Wenn ich mit den ganzen Vorbereitungen für ein Abendessen mit Gästen beschäftigt bin, gibt mir die Klarheit und Ruhe der weiß gedeckten Tische die Sicherheit, dass am Ende alles elegant, frisch und einladend aussehen wird. Wenn ich auf dem Land bin, stelle ich meist ganz schlichte Materialien zusammen: Leinen und Baumwolle für Tischdecken und Servietten, Gefäße aus glasierter Keramik und Glas, Besteck

aus satiniertem Stahl, Krüge, Tassen und Zuckerdosen mit kuppelförmigem oder flachem Deckel, die den Tisch und das Ambiente mit ihren Formen veredeln und eine unvergessliche Atmosphäre schaffen. Das letzte kleine Detail sind Blumen, die man als Landbewohner sogar direkt im eigenen Garten pflücken kann. Am allerliebsten mag ich natürliche Blumen, deren Unvollkommenheit die ganze Schönheit der Natur in sich trägt. Rosen, die sich unter dem Gewicht ihrer Blütenblätter zur Erde biegen, gehören vor allem im Herbst zu meinen Lieblingen, wenn sie zum zweiten Mal blühen und stilvoll mit solcher Eleganz und Grazie verwelken, dass viele Hausfrauen sie schon allein deswegen schätzen. Diese Rosen eignen sich perfekt für eine Tischdekoration – in mehreren kleinen Vasen oder in einem einzigen niedrigen Tischaufsatz. In einem bunten Farbspiel mit Früchten angeordnet, werden sie zu einer einfachen, aber wunderschönen Dekoration, die jeder selbst machen kann, ohne große Fertigkeiten im Arrangieren von Blumen zu haben (wie es bei mir der Fall ist). Die Schönheit dieser Blüten hat etwas Sehnsüchtiges, das den Blick anzieht und zu stundenlanger Betrachtung und Bewunderung einlädt.

Blumen wecken den Sinn für Entspannung und Hingabe an die eigentliche Schönheit der schlichten, etwas unvollkommenen Dinge. Wenn ihre Pracht schwindet, ist der richtige Moment gekommen, um die weichen Rosenknospen in eine Blütenpresse oder ein dickes Buch zu legen, zwischen saugfähiges Papier. So bewahrt man für immer ihre Form, ihren Duft und, zumindest teilweise, ihre Farbe – die zwar verblasst, aber trotzdem eine Inspirationsquelle für die kommenden Monate sein wird.

IL MIO TIRAMISÙ

MEIN TIRAMISU

Ich muss zugeben, dass ich die Zubereitung von Tiramisu für eine Italienerin unheimlich spät gelernt habe. Vielleicht weil ich kein Dessert servieren wollte, das nur hübsch aussieht, solange es ganz ist. Schließlich habe ich eine Lösung gefunden, die meinem Stil entspricht: Einzelne Vintage-Becher lassen diese Süßspeise zu jeder Tageszeit gut aussehen.

FÜR 8 BECHER

3 Tässchen Espresso
1 Eiweiß und 3 Eigelbe
5 gestrichene EL Zucker
250 g frischer Mascarpone
8 weiche Löffelbiskuits
2 EL Kakaopulver

Der Geschmack dieser Süßspeise steht und fällt mit dem Aroma des Kaffees und der Frische von Eiern und Mascarpone, deswegen bereite ich sie mit allerbesten Zutaten zu. Zuerst den Espresso kochen, mit einer klassischen Kaffeemaschine oder einem Automaten. Den Espresso in einen tiefen Teller gießen und abkühlen lassen.

Die 8 Becher auf die Arbeitsfläche stellen. Das Eiweiß in einer kleinen Milchkanne aus Metall oder einem sauberen Glasgefäß mit dem Handmixer steif schlagen und beiseitestellen. Eigelbe und Zucker in einer Schüssel mit dem gleichen Handmixer oder einem Schneebesen verrühren. Es braucht nicht sonderlich schaumig zu sein. Dann den Mascarpone und die Eigelbmasse vorsichtig mit dem Mixer oder mit einem Löffel vermischen. Das Eiweiß vorsichtig unterheben, damit nichts von seinem Volumen verloren geht. Die Creme in einen Spritzbeutel mit glatter Tülle geben und bis zum Gebrauch im Kühlschrank lagern.Wenn man keinen Spritzbeutel hat, kann man die Masse auch mit einem Löffel in den Bechern verteilen.

Jeden Löffelbiskuit in 2–3 Stücke brechen und in den Espresso legen, bis die Stücke durchtränkt sind. In jeden Becher die Stücke eines Biskuits legen. Eventuell mit 1 zusätzlichen TL Kaffee beträufeln, die Löffelbiskuits sollten gut durchtränkt sein, aber nicht im Kaffee schwimmen. Etwas Creme in jeden Becher füllen und alle in den Kühlschrank stellen.

Kurz vor dem Servieren die Oberfläche des Tiramisus mit etwas Kakaopulver bestäuben. Dafür ein ganz feines Sieb verwenden. Ich nehme meistens den Filter meiner Teekanne, der perfekt für Kakao geeignet ist. Sofort servieren und übrig gebliebene Portionen gut verstecken, falls Sie sich ein wahrhaft italienisches Frühstück gönnen möchten.

CROSTATA DI MORE

TARTE MIT BROMBEEREN

Wenn Sie diese Tarte mit wilden Brombeeren zubereiten, bekommt sie einen außergewöhnlichen Geschmack. Das herbe Aroma der Beeren und die buttrige Süße der Creme ergeben einen wunderbaren Kontrast, der perfekt mit dem Zitronenaroma des Mürbeteigs harmoniert, der Basis dieser Tarte. Falls Sie Maulbeeren verwenden, wird die Tarte saftiger und weniger kontrastreich, was vielen besser schmecken mag, auch wenn es weniger traditionell ist.

FÜR 1 TARTE MIT 10 STÜCKEN

Für den Mürbeteig
220 g Weißmehl, Type 405
70 g Zucker
125 g Butter
1 Ei
fein geriebene Schale einer Zitrone

Für die Füllung
300 ml Milch
2 Eigelbe
100 g Zucker
30 g Mehl
300 g Brombeeren

Das Mehl in eine Schüssel sieben, Zucker, Butter in Stückchen, Ei und Zitronenschale dazugeben. 4–5 Minuten lang kneten. Den homogenen Teig zu einer Kugel formen, in Frischhaltefolie wickeln und 30 Minuten im Kühlschrank ruhen lassen.

Den Teig mit einem Nudelholz etwa 0,5 cm dick ausrollen und eine Springform von ca. 28 cm Durchmesser damit auslegen. Den Boden mit einer Gabel an einigen Stellen einstechen, dann die Form für 15 Minuten ins Gefrierfach legen.

Den Ofen auf 180 °C vorheizen. Den Teig mit einem Stück Backpapier bedecken und die Form mit getrockneten Kichererbsen füllen (oder anderen Hülsenfrüchten zum Blindbacken) und 12 Minuten auf mittlerer Schiene backen. Die Kichererbsen samt dem Backpapier entfernen und weitere 12–15 Minuten backen, bis die Tarte leicht gebräunt ist. Aus dem Ofen nehmen, den Rand der Springform entfernen und die Tarte auf dem Boden der Form vollständig abkühlen lassen.

Für die Creme die Milch in einem größeren Topf erhitzen, ohne dass sie zu kochen beginnt. In einer Schüssel die Eigelbe mit dem Zucker verrühren, dann das Mehl und zum Schluss die heiße Milch langsam dazugeben. Mit einem Schneebesen verrühren, dann wieder in den Topf geben und die Creme auf mittlerer Stufe unter ständigem Rühren 5–7 Minuten erhitzen, bis sie andickt. Abkühlen lassen und dabei immer wieder umrühren.

Die Creme auf den Mürbeteigboden geben, glatt streichen und die Brombeeren darauf verteilen. Bis zum Servieren in den Kühlschrank stellen.

MONTE BIANCO

MARONENCREME MIT SAHNE

Auch wenn es kein original toskanisches Rezept ist, hat Monte bianco in meiner Familie eine lange Tradition, weshalb ich das Dessert in dieses Buch aufgenommen habe. Dieses Rezept zählt zu den liebsten Süßspeisen meiner Mutter und wird in Restaurants leider nicht immer gut gemacht, denn die Zubereitung kann langwierig und aufwendig sein. Wenn Sie jedoch lernen, es zu Hause zuzubereiten, erschließt sich Ihnen ein kleines Paradies.

FÜR 4–6 PERSONEN

800 g Maronen
(oder 500 g dampfgegarte, eingeschweißte Maronen)
75 g Zucker
1 Vanilleschote
350 ml Milch
300 ml frische Schlagsahne
2 EL Puderzucker

Falls Sie frische Maronen verwenden, diese mit einem scharfen Messer an der runden Seite einschneiden. In einen großen Topf geben, mit kaltem Wasser bedecken, auf den Herd stellen, zum Kochen bringen und die Maronen 20 Minuten kochen lassen. Abgießen und lauwarm werden lassen, dann die Schale und Haut der Maronen mit einem kleinen, scharfen Messer entfernen.

Die Maronen mit dem Zucker in eine Kasserolle geben, Vanilleschote, Milch sowie ein Glas Wasser hinzufügen und alles gut verrühren. Bei schwacher Hitze etwa 1 Stunde kochen lassen und falls nötig noch etwas Wasser nachgießen. Die Maronen sollten am Ende sehr weich sein. Die Vanilleschote herausnehmen und die Maronen mit einem Stabmixer pürieren. Den Topf mit dem Püree wieder auf den Herd stellen und das Püree einige Minuten unter Rühren erhitzen, um Flüssigkeit ein wenig zu reduzieren. Dann etwa 30 Minuten abkühlen lassen.

Die Maronen in eine Kartoffelpresse füllen und in die Mitte der Dessertschale pressen, in der dann auch serviert werden soll. Die Maronen sollten eine kleine Kuppel oder einen Hügel bilden. Anstatt mit einem Löffel zu korrigieren, ist es besser, noch einmal von vorne zu beginnen und die Maronen erneut durch die Presse zu drücken. Die Schale mit der Creme in den Kühlschrank stellen, damit sie vollständig auskühlt.

Die Sahne und 1 EL Puderzucker mit dem Handmixer steif schlagen. Einen Spritzbeutel mit Sterntülle damit füllen und die Maronenmasse mit Sahne bedecken. Bis zum Servieren im Kühlschrank aufbewahren und vor dem Auftragen mit dem restlichen Puderzucker bestreuen.

GELATO ALLA CREMA CON LE MORE

SAHNEEIS MIT BROMBEEREN

Brombeersträucher gab es reichlich rund um unser Haus, und nachmittags vertrieben wir uns häufig mit Brombeerpflücken die Zeit. Meine Oma bestand immer darauf, dass die ganze Truppe etwas auf dem Kopf trug, und machte meiner Schwester und mir eine traditionell bäuerliche Mütze: Sie verknotete alle vier Ecken eines Stofftaschentuchs, sodass es auf dem Kopf gut hielt. Elegant war es nicht unbedingt, verhinderte aber einen Sonnenstich. Mein Opa hingegen war dafür zuständig, uns mit Körben zu versorgen.

FÜR 500 ML EIS

250 ml Milch
250 ml frische Sahne
1 TL Vanilleextrakt
4 Eigelbe
125 g Zucker
Brombeeren (alternativ Himbeeren)
2 EL Puderzucker

Was ist italienischer, besser und beliebter als Sahneeis? Eis selbst zu machen ist recht einfach, wenn man eine Eismaschine besitzt. Deutlich aufwendiger ist es allerdings, wenn man die Mischung über Stunden hinweg immer wieder zum Rühren aus dem Tiefkühlfach nehmen muss, wie man es früher getan hat. Heutzutage mangelt es nicht an guten und traditionellen Eisdielen, und wenn Sie es sich einfach machen möchten, können Sie natürlich auch fertiges Eis kaufen, um dieses wunderbare und erfrischende Dessert zu genießen.

Milch und Sahne in eine Kasserolle gießen und bei schwacher Hitze erwärmen, ohne dass die Mischung zu kochen beginnt. Vom Herd nehmen, den Vanilleextrakt dazugeben und lauwarm abkühlen lassen. Inzwischen die Eigelbe und den Zucker in einer weiten Schüssel mit dem Handmixer schaumig aufschlagen. Die Milch langsam hinzugießen und einrühren.

Die Creme wieder in die Kasserolle füllen und bei schwacher Hitze auf den Herd stellen. 7–8 Minuten unter ständigem Rühren erhitzen, bis die Masse andickt – sie darf allerdings nicht kochen. Vom Herd nehmen und abkühlen lassen, dann in eine Eismaschine füllen. Diese nach Anleitung des Herstellers einstellen (normalerweise etwa 30 Minuten). Das fertige Eis bis zum Servieren im Gefrierfach aufbewahren.

Das Eis 15 Minuten vor dem Servieren aus dem Tiefkühlfach nehmen. Einige Kleckse in jeden Becher geben und mit den Beeren und dem Puderzucker garnieren.

Reife Feigen,

süß, saftig und umgeben von Bienen auf Nektarjagd, sind eine unvergleichliche Gaumenfreude und der Inbegriff von kulinarischer Verführung und Genuss.

FICHI CON CREMA AL MASCARPONE

FEIGEN MIT MASCARPONECREME

Feigenbäume, Weinreben und Olivenbäume waren bei den Etruskern, die in der Antike in der Toskana lebten, heilige Pflanzen. Feigen wurden sogar noch vor Getreide kultiviert, und Feigenbäume waren zentrale Elemente mythologischer Geschichten, die häufig einen erotischen Hintergrund hatten, was vielleicht auf den außergewöhnlichen Geschmack oder die Form der Feigen zurückzuführen ist. In Kombination mit Honig schmecken sie köstlich, und es heißt, sie würden Sinne und Intelligenz stärken. Den erlesenen Geschmack wird man nur zu schätzen wissen, wenn man einmal in den authentischen Genuss von frischen Früchten gekommen ist. Unseren großen Feigenbaum behielten wir besonders im Auge – man kann sogar sagen, rund um die Uhr –, denn wer bei Feigen den flüchtigen Moment der Reife verpasst, dem entgeht das Beste. Unreif schmecken diese „verbotenen" Früchte furchtbar: so bitter, dass sich einem angewidert der Gaumen zusammenzieht, voll von einer brennenden, klebrigen Milch, welche die Feigen davor schützen soll, vorzeitig verspeist zu werden. Reife Feigen erkennt man daran, dass sie an einer Seite Löcher bekommen. Diese stammen von Sperlingen, die genau am Tag der Reife bei Sonnenaufgang ein reichhaltiges Frühstück einnehmen. Dann ist der Zeitpunkt gekommen, sich mit Korb und Leiter auszurüsten und sich den Bauch vollzuschlagen.

FÜR 6 PERSONEN

12 reife Feigen
300 g frischer Mascarpone
3 EL flüssiger Honig
1 EL Puderzucker

Die Feigen waschen und vorsichtig abtrocknen. Auf ein Schneidebrett legen und den Boden leicht andrücken, sodass die Feigen stabil liegen. Mit einem kleinen scharfen Messer jede Feige von oben zweimal einschneiden. Die Viertel sollten nicht komplett auseinandergeschnitten werden, sondern jede Frucht sollte sich wie eine Blüte öffnen. Die Feigen entweder direkt auf den Desserttellern oder auf einer großen Servierplatte anordnen.

Mascarpone und Honig in einer Schüssel mit dem Schneebesen oder einer Gabel zu einer weichen, gleichmäßigen Creme verrühren.

Mit zwei Esslöffeln den Mascarpone in die aufgeschnittenen Feigen geben. Die Creme gleichmäßig auf alle Früchte verteilen, die Feigen dann in den Kühlschrank stellen und daran denken, sie 15 Minuten vor dem Servieren herauszunehmen. Zum Schluss mit Puderzucker bestreuen und zum Kaffee servieren.

CASTAGNACCIO DELLA MAMMA

KASTANIENKUCHEN NACH MAMAS ART

Nicht alle würden Kastanienkuchen zu Süßwaren zählen, aber in der Toskana ist dieser Kuchen aus Kastanienmehl, zusammen mit dem klassischen Apfelkuchen, sicher das häufigste Dessert im Herbst. Meine Mutter macht einen wirklich großartigen Kastanienkuchen und sie hat eine Geheimzutat, die ihrer Meinung nach entscheidend ist: Milch. Ich benutze zwar ihr Rezept, lasse aber meinen eigenen Stil einfließen, denn statt eines einzigen Kuchens mache ich viele kleine Portionen. Wenn man eine wirklich traditionelle Version machen will, sollte man vor dem Backen einen Rosmarinzweig auf die Kuchenoberfläche legen.

FÜR 12 PERSONEN

300 g Kastanienmehl
50 g Zucker
70 g Rosinen
4 EL Olivenöl extra vergine
200 ml Milch
50 g Pinienkerne

Das Kastanienmehl in eine große Schüssel sieben und mit dem Zucker vermischen. Die Rosinen in einer Schüssel mit lauwarmem Wasser ca. 15 Minuten einweichen. Tartelette-Förmchen (vorzugsweise aus Silikon) mit 1 EL Öl einfetten und auf einem Backblech bereitstellen, sodass sie befüllt leichter zu transportieren ist. Den Ofen auf 200 °C vorheizen.

Die Milch langsam zum Mehl gießen und dabei mit einem Holzlöffel rühren, um Klümpchenbildung zu vermeiden. 1 EL Öl hinzufügen, umrühren und dann unter ständigem Rühren nach und nach 200–300 ml Wasser zugeben, bis ein flüssiger Teig ohne Klümpchen entstanden ist. Eventuell benötigt man weniger Wasser oder auch mehr, das hängt vom Mehl ab. Seien Sie also vorsichtig, denn wenn der Teig zu fest ist, wird der Kastanienkuchen hart.

Rosinen abgießen, unter fließendem Wasser abspülen und mit Küchenpapier trocken tupfen. Zum Teig geben, unterrühren und die Masse auf die Mulden der Backform verteilen. Die Oberflächen mit dem restlichen Öl beträufeln und mit den Pinienkernen bestreuen. Die Tartelettes in den Ofen schieben und ca. 25 Minuten backen. Die Kuchen sind fertig, wenn die Oberfläche sich öffnet und kleine Risse entstehen. Den Ofen ausschalten, die Kastanienkuchen abkühlen lassen und lauwarm oder kalt servieren.

PANFORTE

GEWÜRZKUCHEN

Riciarelli (toskanische Mandelkekse), Cavallucci (Plätzchen mit Mandeln, kandierten Früchten, Honig und Gewürzen) und Panforte werden bei uns immer ein paar Wochen vor Weihnachten gebacken. Als ich klein war, mochte ich diese Süßspeisen nicht besonders, und das hat sich bis heute wenig geändert – doch man muss diesen kompakten und würzigen Kuchen einfach ins Repertoire winterlicher Kaffeebegleiter aufnehmen.

FÜR 1 KLEINEN PANFORTE

120 g Mandeln
50 g kandierte und gewürfelte Orange
50 g gewürfeltes Zitronat
50 g Weißmehl
5 g gemahlene Gewürze (Muskatnuss, Zimt, Koriander, Nelke)
50 ml flüssiger Honig
100 g Puderzucker

Außerdem:
1 runde Oblate
1 Papierband (optional)
Butter für die Form

Eine runde Springform mit Backpapier auslegen, dieses mit etwas Butter einfetten und die Oblate hineinlegen, die optimalerweise die gleiche Größe wie die Form haben sollte, also etwa 15 cm Durchmesser. Den Ofen auf 180 °C vorheizen.

Die Mandeln auf ein Blech legen, in den Ofen schieben und bei 180 °C etwa 7 Minuten rösten, danach abkühlen lassen. Die Mandeln zusammen mit der Orange, dem Zitronat, dem Mehl und den Gewürzen in eine Schüssel geben. Vermischen und beiseitestellen.

In einem kleinen Topf bei schwacher Hitze den Honig mit 65 g gesiebtem Puderzucker erwärmen. Mit einem Holzlöffel rühren, bis sich alles gut aufgelöst hat, dann den Honig in die Schüssel zu den Mandeln geben und alles gut vermischen.

Den Teig in die Form füllen und mit der Rückseite des Löffels glatt streichen. Die Oberfläche mit der Hälfte des übrigen Puderzuckers bestreuen und die Form in den Ofen schieben. Etwa 25 Minuten backen, bis der Kuchen fest ist. Aus dem Ofen holen, abkühlen lassen und dann aus der Form lösen. Den Kuchen mit dem restlichen Puderzucker bestreuen und nach Belieben mit dem weißen Papierstreifen verzieren. Den Streifen schön fest um den Kuchenrand legen, sodass er gut haftet.

CENCI DI CARNEVALE

KARNEVALSGEBÄCK

Nach der Weihnachtszeit füllen sich die Vitrinen der Bäckereien und Süßwarenläden mit diesen länglichen, gezackten Teigstreifen, die mit einer dicken Schicht Puderzucker bedeckt sind. Jede Region Italiens hat ihr eigene Variante dieses Karnevalsgebäcks, das ab Mitte Januar überall angeboten wird. In der Toskana nennt man es „cenci", Lumpen. Sie werden üblicherweise frittiert, auch wenn einige versuchen, sie im Ofen zu backen. Man genießt sie, wie Cantuccini, mit einem Glas Vin Santo und einer Tasse Espresso.

FÜR 6–8 PERSONEN

280 g Mehl + 3 EL zum Verarbeiten
1 Prise Salz
2 EL feiner Zucker
2 Eier
25 g zerlassene Butter
1 EL abgeriebene Zitronenschale
1 EL Vanilleextrakt
2 EL Vin Santo
500 ml Sonnenblumenöl, zum Frittieren
50 g Puderzucker

Das Mehl in eine große Schüssel sieben, Salz und Zucker dazugeben. Alles vermischen, in die Mitte eine Mulde drücken und die Eier hineingeben. Mit einer Gabel grob verrühren, dann die geschmolzene, lauwarme Butter, die Zitronenschale, den Vanilleextrakt und den Vin Santo hinzufügen. Den Teig auf eine leicht bemehlte Arbeitsplatte geben und mit den Händen zu einer festen, glatten Kugel verarbeiten.

Den Teig in 4 Stücke teilen und auf der bemehlten Arbeitsplatte mit dem Nudelholz ausrollen. Der Teig sollte etwa 3 mm dick sein. Die Stücke mit einem feuchten Tuch abdecken, bis der gesamte Teig ausgerollt ist, dann mit einem gezackten Teigrädchen die „Lumpen" schneiden. Sie können rechteckig sein, rautenförmig oder wie auch immer es einem beliebt, solange sie die charakteristische längliche Form haben.

Das Sonnenblumenöl in einer weiten Pfanne erhitzen und das Gebäck portionsweise hineingeben. Auf jeder Seite etwa 2 Minuten frittieren – die Streifen sollten nicht zu dunkel werden. Mit einer Schaumkelle herausnehmen und auf ein mit Küchenpapier belegtes Tablett geben, während die restlichen Teigstücke frittiert werden. Mit reichlich Puderzucker bestäuben und mit Espresso und Vin Santo, Obst oder ein wenig Vanillecreme servieren.

PERE AL MIELE E LIMONE

BIRNEN MIT HONIG UND ZITRONE

Gekochte Birnen sind ein weiterer Klassiker der ländlichen Kultur. Viele Köche lernen sie jedoch wieder als feines Dessert schätzen, das zudem noch hübsch aussieht. Man braucht dafür gleich große Birnen, die man samt Stiel stehend kocht. Man kann einen Topf oder auch einen Dampfkochtopf verwenden (dann halbiert sich die Garzeit) und den Honig nehmen, den man am liebsten mag, um dem Gericht eine besondere Note zu verleihen. Ich verwende gerne dickflüssigen, dunklen, fast bernsteinfarbenen Kastanienhonig. Manchmal füge ich noch einen einzelnen Tropfen Rosenwasser hinzu.

FÜR 6 PERSONEN

6 reife Birnen
1 Bio-Zitrone und 1 Bio-Orange
4 EL Honig
2 EL Rohrzucker

Die Birnen waschen und das untere Ende mit einem scharfen Messer gerade schneiden. Man sollte die Birnen gut in einen Topf stellen können. Den Stiel an der Frucht lassen, das sieht hübscher aus und man kann sie später leichter aus dem Honigkaramell heben.

Die Zitrone gründlich waschen und die Schale abreiben. Den Saft in ein Glas pressen und den Orangensaft dazugeben, dabei die Kerne mit einem Sieb auffangen. Die Birnen in einen großen Topf legen, mit Honig beträufeln und Zitronen- und Orangensaft sowie ein Glas Wasser angießen. Zitronenschale und Zucker darüberstreuen, einen passenden Deckel auflegen und bei niedriger Temperatur 25–30 Minuten kochen. Dabei hin und wieder den Deckel abnehmen und die Birnen mit ihrem Saft übergießen.

Wenn die Birnen weich sind (um sicherzugehen, kann man mit einem Holzstäbchen in die Seite der größten Birne stechen), Herd ausschalten und die Früchte zugedeckt 15 Minuten stehen lassen. Zum Servieren die Birnen mit dem Honigkaramell beträufeln.

TORTA DI MELE DI FAMIGLIA

APFELKUCHEN NACH ART DER FAMILIE

Ich glaube, auch dieses Rezept stammt von meiner Mutter. Meine Tante macht einen ganz ähnlichen Apfelkuchen, von dem sich wahrscheinlich diese Variante ableitet. Bei beiden werden alle Zutaten in einem Glas mit 200 ml Fassungsvermögen abgemessen. Wenn ich meine Mutter im Winter zum Essen besuche, backt sie mir immer diesen Kuchen zum Kaffee. Ich habe davon schon drei Stück hintereinander gegessen – er ist lecker, leicht und hat etwas sehr Beruhigendes.

FÜR 1 KUCHEN MIT 12 STÜCKEN

Butter für die Form
1,5 kg Äpfel (Sorte Renette oder Boskoop)
1 ½ Gläser Mehl
1 Päckchen Backpulver
2 Eier
1 Glas Zucker
½ Glas flüssige frische Sahne
3 EL Puderzucker

Eine runde Form von etwa 22 cm Durchmesser mit Butter einfetten und den Backofen auf 180 °C vorheizen. Die Äpfel waschen, schälen und in nicht zu kleine Stücke schneiden – ungefähr 8–9 Stücke pro Apfel sind optimal.

Das Mehl samt Backpulver auf einen Teller sieben. Mit dem Handmixer die Eier mit dem Zucker in einer großen Schüssel cremig rühren. Wenn die Masse aufgegangen und schön schaumig ist, das Mehl mit dem Backpulver portionsweise dazugeben und jeweils mit einem Spatel gut unterheben, um Klümpchen zu vermeiden. Wenn alles gut vermischt ist, die frische Sahne langsam dazugießen und vorsichtig unterrühren.

Zwei Drittel der Äpfel in die Form geben. Mit dem Teig bedecken und die restlichen Äpfel auf der Oberfläche verteilen. Den Kuchen mit Alufolie bedecken und auf mittlerer Schiene 1 Stunde backen. Aus dem Ofen holen, die Folie abnehmen und 30 Minuten abkühlen lassen, dann erst auf eine Kuchenplatte setzten. Den Kuchen vollkommen auskühlen lassen, mit Puderzucker bestäuben und servieren.

SEMIFREDDO AI FRUTTI DI BOSCO

WALDBEEREN-PARFAIT

Semifreddo ruft mir endlos scheinende Sommertage in Erinnerung, an denen die Erwachsenen so lange bei Tisch saßen, dass es uns Kindern furchtbar langweilig wurde. Vielleicht lag es daran, dass man vor dem Läuten (wie mein Opa immer zu 1 Uhr nachmittags sagt, wenn die Kirchenglocke nur einmal schlägt) mit dem Essen begann und sich erst nach 3 Uhr erhob. Das Parfait und der Kaffee verkündeten das Ende der Mahlzeit, und wenn wir Glück hatten und das Wetter es zuließ, wurde es im Garten unter der Pergola serviert und gegessen.

FÜR CA. 8 SCHEIBEN

4 frische Eigelbe
170 g Zucker
200 g Himbeeren und Erbeeren
500 ml frische Sahne
2 EL Puderzucker zum Servieren

Eigelbe und Zucker in einer hitzebeständigen Schüssel über einen Topf mit leicht kochendem Wasser stellen. Die Größenverhältnisse sollten dabei stimmen, denn das Wasser darf den Boden der Schüssel nicht berühren. Mit dem Handmixer Eier und Zucker über dem Wasser aufschlagen, bis eine schaumige Masse entsteht, die gut an einem eingetauchten Löffel haftet. Den Topf vom Herd nehmen und die Creme 3–4 Minuten weiterschlagen, sodass sie abkühlt.

Himbeeren und Erdbeeren waschen, putzen und mit Küchenpapier trocknen, dann auf einen Teller legen und mit einer Gabel leicht zerdrücken. Sie sollten nicht zu Mus werden, sondern nur ein wenig zerkleinert sein und etwas Saft abgeben.

Eine rechteckige Form für das Parfait vorbereiten. Mit Backpapier und einer Schicht Frischhaltefolie auslegen, so bekommt man später das fertige Parfait leichter wieder heraus. Die Sahne im Becher 5 Minuten ins Tiefkühlfach stellen, dann in eine kalte Metallschüssel füllen und mit dem Handmixer aufschlagen. Die zerdrückten Beeren und die Sahne zur Eiermasse geben und alles vermischen, ohne zu viel zu rühren.

Die Eismischung in die Form füllen, glatt streichen und für 8 Stunden oder über Nacht ins Tiefkühlfach stellen. Zum Servieren den Boden der Form etwa 30 Sekunden in heißes Wasser halten, dann umdrehen und das Parfait beherzt auf eine Platte stürzen. Die Folie abziehen, das Parfait in Scheiben schneiden und mit etwas Puderzucker bestreut servieren.

LA MIA PANNACOTTA

MEINE PANNACOTTA

Die „panna´otta“ – wie sie in der Toskana ausgesprochen wird – fehlt in keiner Trattoria auf der Speisekarte. Es gibt viele verschiedene, mehr oder weniger süße, Varianten. Ich habe hier ein klassisches Rezept abgewandelt und einen Teil der Sahne durch Vollfett-Joghurt ersetzt. Seitdem habe ich dieses Rezept in alle meine Bücher aufgenommen, vielleicht sehen Sie es deshalb nicht zum ersten Mal. Diese Version wird zudem mit frischer Minze gemacht und ist somit schön sommerlich. Wenn ich die Augen schließe, kann ich mir vorstellen, wie ich die Pannacotta auf der Veranda Löffel für Löffel genieße, während um mich herum die Zikaden singen.

FÜR 6 PERSONEN

4 Blätter Gelatine
1 EL Pflanzenöl für die Formen
400 ml frische Sahne
100 g weißer Zucker
260 g Vollfett-Joghurt
4 EL weißer Rohrzucker
12 Blätter frische Minze
1 EL Puderzucker

Die Gelatineblätter in einen tiefen Teller legen und in kaltem Wasser 5 Minuten einweichen lassen. In der Zwischenzeit die Puddingförmchen mit Pflanzenöl einfetten.

Die Sahne in einen Topf geben und mit dem Zucker unter ständigem Rühren zum Kochen bringen. Dann den Topf vom Herd nehmen und die Sahne lauwarm abkühlen lassen. Die Gelatine ausdrücken, zur Sahne geben und verrühren, bis sie sich vollständig aufgelöst hat. Die lauwarme Sahne in eine Schüssel gießen, den Joghurt unterrühren und die Flüssigkeit dann auf die vobereiteten Puddingförmchen verteilen. Die Pannacotta im Kühlschrank mindestens 3–4 Stunden, besser noch über Nacht, fest werden lassen.

Für das Minzkaramell den Rohrzucker mit 3 EL Wasser in einen Topf geben und bei mittlerer Hitze schmelzen lassen. Wenn die Masse zu kochen beginnt, die Hälfte der Minzblätter hineingeben und den Herd ausmachen. 15 Minuten ziehen lassen, dann die Minze herausfischen und das Karamell erneut aufkochen, um es etwas anzudicken.

Zum Servieren das Äußere der Förmchen für 5 Sekunden in eine Schüssel mit heißem Wasser halten. Die Form auf einen Desserteller stürzen und vorsichtig in die Mitte schieben, die Pannacotta gleitet dann heraus. Mit 1 EL Karamell und einem frischen Minzblatt anrichten und mit etwas Puderzucker bestreuen.

PESCHE AL VINO E VERBENA

WEINPFIRSICH MIT ZITRONENVERBENE

Wenn sich die Äste des Pfirsichbaums unter der Last der Früchte bogen, kam die Zeit, die man bis ins Letzte auskosten musste. Ich liebte es, sonnenwarme Früchte vom Baum zu pflücken und gleich an Ort und Stelle zu verspeisen, während mir der Saft durch die Finger rann. Doch es waren so viele Pfirsiche, fast zu viele! Ein Teil wurde für den Winter eingemacht, andere wurden zu einem schlichten Dessert, das nach dem Abendessen serviert wurde.

FÜR 6 PERSONEN

6 reife Pfirsiche
6 EL trockener Weißwein
2 EL Zucker
6 Blätter Zitronenverbene

Einen Topf mit Wasser zum Kochen bringen und die Pfirsiche 2 Minuten darin blanchieren. Mit einer Schaumkelle herausnehmen und auf einen Teller legen. Falls man sie schälen möchte, geht das nun am besten, indem man die Schale einschneidet und abzieht. Ich ziehe es vor, die Pfirsiche nicht zu schälen, weil sie sich mit Schale besser halten.

Die blanchierten Pfirsiche nebeneinander in einen ausreichend großen Topf stellen. Weißwein, Zucker, 3 Tassen Wasser und die Zitronenverbenenblätter dazugeben. Deckel auflegen und die Pfirsiche bei schwacher Hitze 10 Minuten kochen lassen. Dann die Pfirsiche mit zwei Löffeln aus dem Sirup heben, um sie nicht zu zerdrücken.

Die Früchte auf Tellern anrichten und etwas von dem rosa Karamell vom Topfboden darüber verteilen. Sofort servieren, denn der Sirup härtet beim Abkühlen aus. Manchmal stelle ich die Früchte auch erst einmal in den Kühlschrank. In diesem Fall sollte man Früchte und Karamell aber getrennt aufbewahren und Letzteres zum Servieren noch einmal erwärmen, eventuell 1 EL Wasser hinzufügen, damit es wieder flüssig wird. Ich mag den Gegensatz von heiß und kalt und betone ihn gerne noch mit einem Glas Rosé.

CROSTATA ALLA PANNA

MÜRBETEIGTARTE MIT SAHNE

Wenn ich Mürbeteig zubereite, mache ich oft mehr davon, als ich benötige (wenn man die Menge dieses Rezeptes verdoppelt, kann man drei etwas kleinere oder zwei große Tartes damit machen), lege verschiedene Backformen damit aus und friere diejenigen ein, die ich nicht sofort verwende. Will ich ein Dessert servieren, habe ich im Tiefkühlfach schon die Basis und brauche nur noch wenig Zeit für die Vorbereitung, denn ich kann den Teig in den Ofen schieben, ohne ihn vorher auftauen zu müssen. Dieses Rezept ist wirklich anspruchslos: Während der Boden im Ofen ist, muss man nur noch die Sahne steif schlagen und die Beeren waschen. Man braucht also weder Zeit noch großes Talent für dieses Dessert.

FÜR 1 TARTE MIT 10 STÜCKEN

Für den Mürbeteig
220 g Weißmehl, Type 405
70 g Zucker
125 g Butter
1 Ei
1 TL Vanilleextrakt

Für die Füllung
3 EL Puderzucker
300 ml frische Schlagsahne
1 Körbchen Himbeeren
1 Körbchen Heidelbeeren

Mehl in eine Schüssel sieben, Zucker, Butter in Stückchen, Ei und Vanilleextrakt dazugeben. Die Zutaten 4–5 Minuten zu einem glatten, homogenen Teig verkneten und diesen in Frischhaltefolie gewickelt 30 Minuten im Kühlschrank ruhen lassen.

Den Teig mit einem Nudelholz auf die Dicke von 0,5 cm ausrollen und eine Springform (ca. 28 cm) damit auslegen. Den Boden an einigen Stellen mit einer Gabel einstechen und etwa 15 Minuten ins Tiefkühlfach legen.

Den Ofen auf 180 °C vorheizen. Die Oberfläche des Tartebodens mit Backpapier bedecken, die Form mit getrockneten Kichererbsen (oder anderen Hülsenfrüchten zum Blindbacken) füllen und auf mittlerer Schiene etwa 12 Minuten backen. Dann die Kichererbsen samt Backpapier entfernen und den Kuchen weitere 12–15 Minuten backen, bis der Mürbeteig goldbraun ist. Aus dem Ofen nehmen, den Rand der Form vorsichtig entfernen und die Tarte etwas abkühlen lassen, dann auf einem Kuchengitter vollständig auskühlen lassen.

Die Sahne und 1 EL Puderzucker mit dem Handmixer steif schlagen. Den Boden der Crostata damit füllen und die Beeren darauf verteilen. Mit dem restlichen Puderzucker bestreuen und bis zum Servieren in den Kühlschrank stellen.

CANTUCCI MORBIDI

MANDELKEKSE

Dieses Rezept ist auf keine Jahreszeit festgelegt. Ich mag diese Kekse besonders an lauen Sommerabenden, wenn sich die Erwachsenen, nachdem alle Kinder ins Bett gebracht sind, auf der Terrasse zusammenfinden und der Abend unmerklich in die Nacht übergeht.

FÜR CA. 30 STÜCK

300 g Mehl
½ TL Backpulver
200 g Zucker
1 Prise Salz
2 Eier
1 EL Honig
1 EL abgeriebene Zitronenschale
130 g ganze Mandeln mit Haut

Dieses Rezept ist einfacher als das traditionelle, authentische, denn man muss die Kekse nur einmal backen statt zweimal. So werden sie weicher und man kann sie essen, ohne sie in Wein tunken zu müssen. Wie viele andere ist auch dies ein Rezept meiner Mutter.

Den Backofen auf 170 °C vorheizen und ein Blech mit Backpapier belegen. Mehl und Backpulver in eine Schüssel sieben, Zucker und Salz dazugeben und alles vermischen. In der Mitte eine Mulde formen und Eier, Honig und Zitronenschale hinzufügen. Die Zutaten kurz verkneten, sodass ein zusammenhängender, weicher Teig entsteht. Dann die ganzen Mandeln unterkneten (mit der braunen Haut schmecken sie besser).

Den Teig auf eine bemehlte Arbeitsfläche legen, noch eine Minute kräftig kneten und in 5 Stücke teilen. Jedes Stück zu einer Rolle von etwa 3–4 cm Dicke und 12 cm Länge ausrollen. Auf das Backpapier legen und 25 Minuten backen, bis der Teig goldbraun ist.

Das Blech aus dem Ofen nehmen, die Keksrollen etwa 10 Minuten abkühlen lassen und dann jeden Strang schräg in Stücke schneiden. Jede Rolle sollte etwa 6–7 Kekse ergeben. Vollständig abkühlen lassen und zur Aufbewahrung in einen luftdichten Behälter geben. Mit einem Gläschen Dessertwein servieren.

FATTORIA TORRE A C

PANE CO' I SANTI

SÜSSES ROSINENBROT

Dieses Brot mit Rosinen ist ein typisches Rezept der Totenwoche, die am 1. November mit Allerheiligen beginnt. Das Brot mit „Santi", den Heiligen, die hier durch die Rosinen repräsentiert werden, wird in der Toskana ohne Butter gemacht. Man kann es als Nachtisch servieren oder auch einfach zum Frühstück. Wie viele typische Süßspeisen dieser Region ist es nicht wirklich süß, weshalb man abends sehr gut eine Creme oder ein Glas süßen Wein dazu genießen kann und morgens Konfitüre und schwarzen Kaffee.

FÜR 2 BROTE

25 g frische Hefe
500 g Mehl
2 EL Zucker
4 EL Olivenöl extra vergine
70 g Rosinen
Salz und frisch gemahlener Pfeffer
125 g Walnusskerne
1 Eigelb
2 EL Milch

Die Hefe in etwa 300 ml lauwarmen Wasser auflösen. Mehl und Zucker in einer Schüssel mischen, das Hefewasser hineingießen und alles in etwa 10 Minuten zu einem Teig verkneten. Falls nötig, etwas Wasser oder Mehl zufügen. Den Teig zu einer Kugel formen und mit einem feuchten Geschirrhandtuch bedeckt an einem warmen Ort 90 Minuten gehen lassen.

In dieser Zeit das Öl in einer Pfanne erhitzen und die Rosinen darin schwenken, damit sie etwas quellen können. Salzen und leicht pfeffern. Den aufgegangenen Teig auf eine bemehlte Arbeitsfläche geben, noch einmal kurz durchkneten und dann die Rosinen und die Nusskerne einarbeiten. Den Teig halbieren, zwei runde, leicht flache Brotlaibe formen und beide auf ein mit Backpapier belegtes Blech legen. Mit dem Geschirrhandtuch bedeckt die Brote noch einmal 30 Minuten gehen lassen.

Den Ofen auf 180 °C vorheizen. In einer Schüssel das Eigelb mit der Milch verquirlen und die Oberfläche der Brote damit bestreichen. Die Brote in den Ofen schieben und etwa 50 Minuten backen, bis sie aufgegangen und goldbraun sind. Herausnehmen und auf einem Gitter abkühlen lassen. In Scheiben geschnitten oder im Ganzen servieren, sodass man am Tisch Stücke abbrechen kann, wie es früher üblich war. So esse ich es am liebsten.

CILIEGIE AL VINO ROSSO

ROTWEINKIRSCHEN

Wir selbst hatten keinen Kirschbaum im Garten, aber der Baum unserer Nachbarn war so niedrig, dass man hinaufklettern konnte, und zu Beginn des Sommers hing er voller Früchte. Wir Kinder durften uns dann immer bedienen, und so kletterten wir mit nackten Füßen ins Geäst zum Kirschenpflücken. Natürlich übernahmen wir diese Aufgabe sehr gerne und kamen danach mit dunklen Mündern und vollen Taschen nach Hause. Einen Teil der Kirschen aßen wir gleich, die überreifen Früchte wurden eingekocht.

Dieses Rezept würde man vielleicht nicht unbedingt erwarten, wenn man irgendwo gekochte Früchte bestellt. Wein, Zimt und Nelken verleihen diesen Kirschen ein fast sündhaft gutes Aroma. Es liegen wahrhaft Welten zwischen ihnen und dem pampigen Apfelkompott, das in manchen Pensionen entlang der Küste serviert wird. Noch größer wird der Genuss dieser Sommerfrüchte, wenn man sie mit einer oder zwei Kugeln Eis serviert. Dann werden sie zum perfekten Nachtisch für ein Abendessen im Freien.

FÜR 4 PERSONEN

20–25 Süßkirschen
150 ml Rotwein
40 g Zucker
2 TL Zimt
3 Nelken
Puderzucker zum Servieren

Die Kirschen samt Kernen und Stielen in einen Topf geben. Wein, Zucker, Zimt und Nelken hinzufügen, einen Deckel auflegen und alles bei schwacher Hitze 4–5 Minuten kochen, bis die Kirschen weich, aber nicht zerkocht sind. Man sollte sie noch am Stiel anheben können.

Die Kirschen vorsichtig aus der Kochflüssigkeit holen, damit sie nicht kaputtgehen und sie in kleine Schälchen füllen. Falls der Rotwein sehr süß ist, noch 1 EL Wasser hinzufügen. Dann ohne Deckel die Flüssigkeit noch etwas einkochen lassen.

Zum Servieren etwas von dem eingekochten Wein über die Kirschen träufeln und sie mit Puderzucker bestäuben. Nicht vergessen, die Gäste vor den Kernen zu warnen.

CROSTATA DI MASCARPONE E FRAGOLE

TARTE MIT MASCARPONE UND ERDBEEREN

Seit ein paar Jahren ist diese Tarte mein absoluter Lieblingskuchen. Sie ist einfach zu backen und schmeckt rund um die Uhr köstlich. Der Geschmack steht und fällt mit dem Mascarpone, deshalb sollte man einen sehr guten und wirklich frischen nehmen. Wenn er weich und samtig ist, wird er zusammen mit dem mürben Teig und den saftig-süßen, reifen Erdbeeren zu einem wahren Gaumenschmaus. Dass etwas von diesem Kuchen übrig bleibt, ist eher unwahrscheinlich, aber wenn doch, hat man am nächsten Tag ein perfektes Frühstück.

FÜR 1 TARTE MIT CA. 10 STÜCKEN

Für den Mürbeteig
220 g Weißmehl, Type 405
70 g Zucker
125 g Butter
1 Ei
1 TL Vanilleextrakt

Für die Füllung
ca. 350 g Erdbeeren
400 g frischer Mascarpone
1 TL Vanilleextrakt
50 g Puderzucker
+ 1 EL zum Bestreuen

Mehl in eine Schüssel sieben, Zucker, Butter in Stückchen, Ei und Vanilleextrakt dazugeben. Die Zutaten in 4–5 Minuten zu einem glatten, homogenen Teig verkneten und diesen in Frischhaltefolie gewickelt 30 Minuten im Kühlschrank ruhen lassen.

Den Teig mit einem Nudelholz auf die Dicke von 0,5 cm ausrollen und eine Springform (ca. 28 cm) damit auslegen. Den Tarteboden mit einer Gabel an verschiedenen Stellen einstechen und 15 Minuten ins Tiefkühlfach legen.

Den Backofen auf 180 °C vorheizen. Die Oberfläche des Kuchens mit Backpapier bedecken, die Form mit getrockneten Kichererbsen (oder anderen Hülsenfrüchten zum Blindbacken) füllen und den Kuchen auf mittlerer Schiene etwa 12 Minuten backen. Dann die Kichererbsen samt Backpapier entfernen und weitere 12–15 Minuten backen, bis der Kuchenboden goldbraun ist. Aus dem Backofen nehmen, den Rand der Form entfernen und die Tarte etwas abkühlen lassen, dann auf einem Kuchengitter vollständig kalt werden lassen.

In der Zwischenzeit die Erdbeeren waschen, abtropfen lassen und halbieren oder vierteln. Mascarpone mit Vanilleextrakt und gesiebtem Puderzucker verrühren, dann wieder in den Kühlschrank stellen. Den Mascarpone in den kalten Tarteboden füllen und mit dem Löffelrücken glatt streichen. Die geschnittenen Erdbeeren darauf verteilen, die Tarte mit dem restlichen Puderzucker bestreuen und bis zum Servieren kalt stellen.

Das Leben ist schön,

wenn man in Gummistiefeln auf einem Hügel steht und nach einem frischen Regen den Sonnenschein im Gesicht spürt. Das Leben auf dem Land mit seiner erhabenen Schlichtheit hat mich von klein an vieles gelehrt: harte Arbeit zu achten und mit dem zufrieden zu sein, was man durch eigene Mühe und Hingabe geschaffen hat. Die ländliche Lebensweise erfordert Geduld und schenkt endlose Liebe. Amen.

Register

VINO BIANCO
VAL D'ARBIA
CASA VINICOLA
BARONE RICASOLI
FIRENZE
CASTELLO DI BROLIO
IN CHIANTI - SIENA
BROLIO BIANCO
CASA VINICOLA
BARONE RICASOLI
FIRENZE
1927

Danke

Um dieses Buch zu realisieren, habe ich 18 Monate gebraucht und wurde von wunderbaren Menschen dabei unterstützt, es genau meinen Vorstellungen entsprechend zu gestalten. All diesen Personen möchte ich meinen innigsten Dank aussprechen.

Stefano Scatà, für deine Geduld, mich auf allen Reisen zu begleiten, die für die Verwirklichung der Fotos in diesem Buch nötig waren. Wieder einmal hast du mit deiner Gabe meine Ideen in Bilder umgesetzt und mir mit deinen Ratschlägen geholfen, sie noch schöner zu gestalten.

Mariacristina Modonesi, für deinen Enthusiasmus, mit dem du mein Projekt unterstützt hast, und für die Erlaubnis, in deinen Häusern, zusammen mit deiner und meiner Familie, Fotos zu machen. Vor allem aber für die Begeisterung, die du von Anfang an für dieses Buch hattest. Danke.

Danke auch an Lucia Cafarelli, für ihre Bekanntschaft und dafür, dass sie die Flamme für dieses Werk an einem Sommermorgen vor einem Café in Mailand entzündete. Das Leben ist voller kleiner Details und einige Personen haben einen besonderen Blick dafür. Du bist eine von ihnen.

Lorenzo Bologna Fasola, der uns mit seiner Frau Maryam und seiner Schwester Maria Camilla in Monte Vibiano aufgenommen und uns die Schlüssel zu seiner Burg gegeben hat. Danke auch an Veronica Passerin d´Entrèves, die mich mit ihren hübschen Töchtern in der Villa Dianella und der Villa Piaggia empfing. Jeanette und Claus Thottrup für ihre Gastfreundschaft in Borgo Santo Pietro. Claudia und Mariangela Federighi für die Freundlichkeit, mich in ihr privates Haus einzuladen, und für die wunderschönen Objekte von Blanc Mariclò.

Dieses Buch wäre nicht möglich gewesen ohne die Kompetenz, den Enthusiasmus und das Organisationstalent von Federica Mettica und Margo Schachter. Giulia Sbernini verdient eine besondere Erwähnung, nicht nur für die Beschaffung der cremefarbenen Vespa, die ich im Sinn hatte! Elsa Allen hat mit Talent und Leidenschaft so lange am Layout dieses Buchs gefeilt, bis es genau meiner Vorstellung entsprach.

Einen Tag vor Weihnachten hat das Leben Samantha Tabacchi Destro in mein Leben geführt. Ohne dich läge dieses Buch jetzt nicht in meinen Händen. Herzlichen Dank.

Ein besonderer Dank an meine Mama Tamara für die Rezepte. Zum Schluss danke an meinen Mann Lorenzo, dass du immer da bist mit deinem sonnigen Wesen und deiner unbeschwerten Miene. Ohne dich wäre mein Leben nicht das, was es heute ist, und dafür bin ich dir sehr dankbar.